PLAYBACK THEATRE

Uma Nova Forma de Expressar Ação e Emoção

Dados Internacionais de Catalogação na Publicação (CIP)
(Câmara Brasileira do Livro, SP, Brasil)

Salas, Jo
    Playback Theatre : uma nova forma de expressar ação e emoção / Jo Salas ; [tradução Angela Bernardes, Antonio Ferrara]. — São Paulo : Ágora, 2000.

Título original: Improvising real life.
Bibliografia.
ISBN 85-7183-703-1

1. Improvisação (Representação teatral) 2. Psicodrama 3. Relacionamento de grupo – Treinamento 4. Teatro I. Título.

99-5211   CDD-792.028

Índices para catálogo sistemático:
1. Playback Teatre : Improvisação : Artes da representação   792.028

Compre em lugar de fotocopiar.
Cada real que você dá por um livro recompensa seus autores
e os convida a produzir mais sobre o tema;
incentiva seus editores a encomendar, traduzir e publicar
outras obras sobre o assunto;
e paga aos livreiros por estocar e levar até você livros
para a sua informação e o seu entretenimento.
Cada real que você dá pela fotocópia não autorizada de um livro
financia o crime
e ajuda a matar a produção intelectual de seu país.

PLAYBACK THEATRE

Uma Nova Forma de Expressar
Ação e Emoção

Jo Salas

ÁGORA

Do original em língua inglesa
IMPROVISING REAL LIFE – PERSONAL STORY IN PLAYBACK THEATRE
Copyright © 1993, 1996 by Jo Salas

Tradução:
Angela Bernardes
Antonio Ferrara

Revisão Técnica:
Moysés Aguiar

Capa:
Renata Buono

Editoração eletrônica e fotolitos:
JOIN Bureau de Eletrônica

Proibida a reprodução total ou parcial
deste livro, por qualquer meio e sistema,
sem o prévio consentimento da Editora.

Todos os direitos reservados pela
Editora Ágora Ltda.

Rua Itapicuru, 613 – cj. 82
05006-000 – São Paulo, SP
Telefone: (11) 3871-4569
http://www.editoraagora.com.br
e-mail: agora@editoraagora.com.br

Para Michael Clemente,
ator de *Playback*

O significado está no âmago do processo criativo e da narração de histórias. Ele é tanto a meta quanto o atributo. Quando estamos contando uma história de nossa própria vida (ou uma história que vivemos), conscientizamo-nos de que não somos as vítimas de circunstâncias casuais e caóticas e de que, apesar de nossa dor ou de nossos sentimentos de insignificância, vivemos significativamente em um universo significativo.

E, novamente, a resposta para nossa própria história (assim como para as dos outros) é: "Sim. Sim, eu tenho uma história. Sim, eu existo".

Deena Metzger, *Writing for your life.*

SUMÁRIO

Agradecimentos 9

Apresentação à edição brasileira 11

Prefácio à segunda edição americana 13

Introdução 17

1. O início 21
2. O senso de história 31
3. As cenas e as outras formas 43
4. Como ser ator 63
5. A direção 81
6. A música 99
7. Presença, apresentação e ritual 111
8. *Playback* e cura 123
9. Atuação na comunidade 141
10. O crescimento no mundo 153

Glossário 168

Apêndice 170

Referências e fontes 171

AGRADECIMENTOS

Em primeiro lugar, quero agradecer a todas as pessoas que contaram as histórias que eu tornei a contar aqui e a todas as pessoas que tiveram humanidade e criatividade para ouvi-las e encená-las.

Ao longo de todo o livro, fundamentei-me particularmente no trabalho de três trupes, às quais gostaria de agradecer com carinho: a companhia original de Playback Theatre; a Hudson River Playback Theatre (antiga Astor Playback Theatre) e a Community Playback Theatre. Os membros desses três grupos constituem a minha comunidade de *playback* e por eles me senti direta e indiretamente apoiada durante todo esse projeto. Também sou grata às companhias e a seus respectivos diretores, cujo trabalho enfoquei no último capítulo: Heather Robb e a Playback Théâtre France; Bev Hosking e a Wellington Playback Theatre; Armand Volkas e a Living Arts Theatre Lab.

Jude Murphy, Marc Weiss, James Lucal e Judy Swallow me falaram ou me escreveram sobre seus respectivos trabalhos de forma bastante generosa e, assim, me possibilitaram preencher algumas lacunas de minha própria experiência. Jane Ashe e Lara Ewing deram *feedbacks* que ajudaram muito, no momento exato em que delas precisei. Agradeço também a Rebecca Daniels e ao grupo de escritores pelo impulso fundamental que deram ao meu processo de escrever; a Stephen Josephs, que foi uma pessoa sempre pronta a ouvir idéias e dilemas; a Robin Larsen, cuja habilidade em computadores foi providencial; e a Ray Herndon e Carol Hanisch por seus respectivos papéis no nascimento deste livro.

Meus sogros, Melvin Fox e Patricia Lowe, proporcionaram-me seu entusiasmo, encorajamento e experiência. Minhas filhas, Hannah e Madeline Fox, me apoiaram, o que eu particularmente valorizo, uma vez que crescer como filhas dos pioneiros do *playback* foi para elas muitas vezes estressante, para não dizer constrangedor.

Finalmente, não tenho palavras para dizer o quanto devo a meu marido, Jonathan Fox, por seu amor e companheirismo, por seus comentários, por suas informações, por ter me ajudado em muitos aspectos e por ter criado o *playback theatre*.

APRESENTAÇÃO À EDIÇÃO BRASILEIRA

A primeira vez que vi uma dupla de palhaços entrar no quarto de uma criança hospitalizada, fiquei fascinado por aquela experiência: atores profissionais, sem nenhuma condescendência, com total domínio cênico e respeito foram gradualmente tornando-se cúmplices das pessoas presentes transformando aquele encontro num espetáculo completo, com começo, meio e fim.

Durante a interação, percebi que a história era criada a quatro mãos, em tempo real, pelos artistas e pela criança, envolvendo seus pais e profissionais de saúde, resultando na total transformação daquele ambiente, do ânimo das pessoas presentes e a certeza de que todos tinham tido suas vidas permanentemente tocadas por aquele momento. Assim testemunhei uma forma do resgate da função social do artista que, ao levar seu trabalho a novos públicos, em locais inusitados, com o mesmo empenho de uma produção teatral normal, propiciou uma conexão irrefutável com a força transformadora da arte.

Assim entendi por que uma sociedade precisa de artistas.

Senti o mesmo impacto ao conhecer o *playback theatre*.

Emocionei-me com a beleza dos espetáculos criados pela cumplicidade entre os atores do *playback theatre* e o público de todas as idades que, em locais inusitados ou no teatro, tinham a oportunidade de ver suas histórias pessoais serem encenadas com todo empenho, por profissionais especialmente treinados para colocar o melhor do ofício de interpretar a serviço do enaltecimento da experiência humana.

Hoje, estamos presenciando o nascimento de uma nova geração de artistas que, mais apurada tecnicamente e mais socialmente consciente, cria oportunidades para romper o confinamento dos espaços cênicos convencionais, para ir em busca de experiências e riscos mais contundentes, resultantes da aproximação com o público. E é nesses riscos que novas histórias são escritas e novos caminhos são desvendados para nossa evolução.

Bem-vindo ao *playback theatre*.

Wellington Nogueira
Ator e diretor artístico dos
Doutores da Alegria.

PREFÁCIO À SEGUNDA EDIÇÃO AMERICANA

O *playback theatre* floresceu e se espalhou desde que o livro *Improvising real life* foi publicado pela primeira vez. Cada vez mais pessoas estão envolvidas no *playback theatre* como atores, narradores, líderes e instrutores. O *playback* está aparecendo em um círculo cada vez mais amplo de situações e lugares.

O *playback* tornou-se um importante instrumento de mudança social, fazendo-se presente em lugares onde as pessoas mais precisam ouvir umas às outras. Estamos vendo a concretização da visão de vinte anos atrás; a visão de um teatro que pode oferecer às nossas comunidades um pouco da função social integradora representada pela narração de histórias e pelo ritual estético dos tempos antigos.

A necessidade pressiona. O século termina e nós ficamos assustados com as carências que permeiam a relação entre as pessoas. É encorajador, é um sopro de esperança, ouvir falar de *playback* para mineradores e aborígenes do Oeste da Austrália, do *playback* realizado na IV Conferência de Mulheres das Nações Unidas, em Beijing, do *playback* em Israel com imigrantes do Leste tentando encontrar seus lugares na nova pátria, do *playback* com membros de gangues em uma cidade do interior dos Estados Unidos.

Enquanto isso, o *playback*, como arte de representar, continua seu vigoroso desenvolvimento. Novas práticas cênicas emergiram em meio às tradicionais. O coro tornou-se elemento importante, freqüentemente utilizado nos Estados Unidos e na Europa, assim como na Austrália e na Nova Zelândia, onde foi inicialmente desenvolvido. Muitos grupos têm experimentado estilos diferentes de dirigir, rumando para uma responsabilidade distribuída de forma mais equânime com a história.

O crescimento do *playback* tem um outro aspecto. Como comunidade, deparamo-nos com a necessidade de proteger nossa arte; de um lado, de pressões no sentido de regulá-la e formalizá-la; de outro, da distorção no sentido do comercialismo e da esperteza. Embora vigoroso, o *playback* também é vulnerável. A essência de sua natureza diverge, em muitos aspectos, do contexto cultural que a maioria de nós compartilha. O sucesso traz consigo o risco de que os valores do *playback* nem sempre sejam respeitados.

Felizmente, a tradição oral, que levou o *playback* por todo o mundo, é a sua guardiã mais eficaz. Muitas pessoas atraídas pelo *playback* reconhecem o que nele é único: a fusão de arte, informalidade, autenticidade e idealismo social. A disponibilidade para ensinar também é importante. Alguns de nós, que adoramos fazer esse trabalho por muitos anos, agora ensinamos, oferecendo nossa experiência para qualquer pessoa que queira saber o que é realmente o *playback theatre*.

É claro que houve mudanças em aspectos específicos mencionados na primeira edição*. No Capítulo 10 comentei que as pessoas no Japão encontraram dificuldades para formar grupos de *playback* e estavam trabalhando mais individualmente. Agora, em 1995, existem várias companhias ativas. As trupes citadas (Capítulo 10) na primeira edição ainda estão inteiras, mas, agora, lidando com questões e desafios um pouco diferentes daqueles de três anos atrás.

Por aqui, a situação da companhia original, conforme descrita no Capítulo 1, mudou bastante. Após nossa "aposentadoria", em 1986, continuamos atuando juntos várias vezes por ano. Com o passar do tempo, essas ocasiões tornaram-se cada vez mais raras e, em 1993, após a morte de nosso ator Michael Clemente, reconhecemos que nosso momento como grupo finalmente havia acabado.

Mas o *playback* permanece vivo nesta região. Sua continuidade é assegurada pela School of Playback Theatre e por duas companhias: a Community Playback Theatre e a Hudson River Playback Theatre, ambas dirigidas por membros da companhia original (respectivamente, Jonathan Fox, Judy Swallow e eu).

---

* A autora se refere à edição original americana. (N. T.)

Minha esperança é de que esta segunda edição, com fotos explicativas e um glossário de termos do *playback theatre*, continue a servir tanto como uma introdução para iniciantes quanto como um guia de princípios e práticas do *playback* para leitores mais experientes.

Seus comentários e suas histórias são bem-vindos, como sempre.

Jo Salas
New Paltz, Nova York
Dezembro de 1995

INTRODUÇÃO

Este livro descreve uma forma de improvisação teatral baseada em histórias de eventos da vida comum e não tão comum, narradas durante um espetáculo — sonhos, memórias, fantasias, tragédias, farsas, fragmentos documentais da vida de pessoas reais.

Ela é acessível, divertida e, ao mesmo tempo, remete a dimensões de profundidade e sofisticação. Acontece em teatros ou fora deles — pode funcionar praticamente em qualquer lugar porque, por sua natureza, adapta-se às necessidades e às preocupações de qualquer pessoa presente. Seja nas mãos de atores traquejados ou de desajeitados principiantes, o *playback theatre* celebra a experiência individual e as relações entre as pessoas — sua experiência coletiva — por meio de suas histórias.

As pessoas que se sentem atraídas a praticar o *playback* normalmente se descobrem fazendo isso por prazer — o divertimento, a satisfação de dar à luz uma história e de saber que você dá um presente inesquecível para um estranho ou, talvez, para um amigo. Outros tipos de compensações — dinheiro, reconhecimento, prestígio — não são tão fáceis de obter por meio de algo que desafia o *establishment*, do modo como o faz o *playback theatre*. Ele é artístico, curativo, construtor de comunidades, visionário, tudo ao mesmo tempo. Talvez seja um tipo de síntese dessas funções praticamente em desuso em nossa cultura há centenas de anos.

Escrevi este livro, acima de tudo, como um recurso para as pessoas que fazem *playback theatre* e para aquelas que gostariam de aprender mais sobre o tema. Como alguém que ensina a técnica para principiantes e para iniciados, sei que isso não é algo que se aprenda num livro. Espero que o que estou oferecendo seja um suplemento para ser utilizado em treinamentos, um companheiro estimulante e informativo.

O Capítulo 1 relata o início do *playback theatre* — como, onde e quando surgiu — e a trajetória da companhia original de *playback theatre*. O Capítulo 2 discute o senso de história, a base estética e psicológica do trabalho. O Capítulo 3 descreve as diferentes formas com as quais podemos reagir à história de uma pessoa da platéia. O Capítulo 4 trata das questões, dos desafios e dos prazeres de fazer *playback*. No Capítulo 5 vemos o complexo papel de diretor ou maestro. O Capítulo 6 trata da música no *playback theatre* e como esse elemento essencial pode ajudar a moldar as cenas e dar apoio aos atores. O Capítulo 7 explora as estruturas de apresentação e ritual num teatro onde o conteúdo é sempre inesperado. O Capítulo 8 focaliza os aspectos de cura do *playback*, tanto no contexto terapêutico como em contextos mais gerais. No Capítulo 9 vemos como o *playback* pode se ajustar a vários lugares da comunidade. E no Capítulo 10 estendemos esta exploração para o mundo, observando o *playback* em vários países e constatando o quanto ele mudou e o quanto continua o mesmo.

O que vejo e digo sobre o *playback theatre* é o meu ponto de vista, que não é, precisamente, o mesmo de outras pessoas. É importante dizer isso, especialmente quando se fala de um trabalho que, acima de tudo, privilegia e aborda a experiência subjetiva. O *playback theatre* tem sido parte integrante de minha vida desde 1975. Ajudei o início da companhia original e estou ligada a muitos dos grupos e pessoas envolvidas em *playback theatre*, como professora, atriz convidada, amiga e compatriota. Tenho consciência de quanto o trabalho mudou e se adaptou. E o meu jeito, o nosso jeito, não é o único ou o correto de fazer *playback theatre*. Assim, este livro não pretende estabelecer uma ortodoxia. Para mim ou para qualquer outra pessoa, o *playback* é por demais dinâmico e vivaz para ser capturado e congelado num texto impresso. Contudo, acredito que seja valioso ter uma descrição de sua forma mais ou menos original, como ponto de referência para aqueles que estão embarcando em suas próprias viagens exploratórias. E existem certas práticas e valores básicos que permanecem constantes em todas as variantes, sem os quais o trabalho se transformaria em outra coisa que não o *playback*. Espero que essas características fiquem claras nas páginas que se seguem.

As histórias que ilustram este livro foram selecionadas a partir de relatos reais, narrados em espetáculos, *workshops* e ensaios. Algumas sofreram pequenas adaptações, de acordo com as necessidades do capítulo em que aparecem. Para preservar sua privacidade, mudei o nome de todos os narradores, atores e diretores. Além de Jonathan Fox, os únicos nomes reais que utilizei foram os dos diretores citados nos Capítulos 5, 8 e 10.

1

O INÍCIO

"Quem tem a próxima história?"

Quem pergunta é o diretor* ou mestre-de-cerimônias de um espetáculo do *playback theatre*. No fundo do palco, atrás dele, em expectativa, estão cinco atores — duas mulheres e três homens — vestidos com calças e camisetas escuras, lisas, sentados em caixotes de madeira. Um deles acabou de representar uma gaivota; outro, um policial de Nova York. Agora estão no palco como eles mesmos, até a próxima cena. Um músico está sentado do outro lado, rodeado por um conjunto eclético de instrumentos.

Duas pessoas da platéia levantam a mão. O diretor aponta para uma delas.

"Eu o vi primeiro", diz ele, sorrindo para a outra pessoa como quem pede desculpas. Um jovem vem para o palco e senta-se ao lado do diretor.

"Oi", diz o diretor. "Qual é o seu nome?"

"Gary", ele responde. Em seus olhos há um ar de inteligência bem-humorada.

"Bem-vindo à cadeira do narrador, Gary. Onde acontece sua história?"

---

* No original, *conductor*, que em inglês tem dois significados: 1) em música, significa maestro, regente; e 2) em eletricidade, aquilo que conduz a energia. Este termo é utilizado em *playback theatre* para significar aquela pessoa que, ao mesmo tempo em que *rege* o espetáculo, *conduz* a energia da platéia para os atores. Não temos em português uma palavra que dê conta dessa ambivalência. O termo diretor foi escolhido por designar um papel correspondente no teatro convencional. (N.T.)

"Bem... em dois lugares, imagino. Trabalho na companhia de gás, cavando valas. Mas, a cada três semanas, passo o fim de semana no St. Catherine's College, na cidade. Estou fazendo bacharelado. Trata-se de um programa para pessoas como eu, que não têm tempo para ir à escola. Por isso, temos esses fins de semana muito cheios, com muita lição de casa."

"Você poderia escolher um dos atores para fazer seu papel?"

Gary olha para os atores cuidadosamente. Ele aponta um. "Desculpe, mas não consigo lembrar seu nome. Você pode fazer o meu papel?" O ator concorda e se levanta.

"Quem mais é importante na sua história?"

"Na verdade, a história é sobre uma colega do programa, chamada Eugênia. Eu acho que ela me estimula. Ela é muito cheia de vida e sei que está lidando com coisas bem mais difíceis do que as minhas. Ela veio da Jamaica, ainda está se adaptando à nossa cultura e tem um filho pequeno. Ela é muito inteligente, entusiasmada e bastante ativa. Só de conversar com ela eu me sinto bem."

Gary escolhe uma outra pessoa para fazer o papel de Eugênia, e diz que ainda tem mais algumas perguntas e respostas. Então, o diretor diz: "Vamos ver".

Diminui-se a intensidade das luzes e a música começa. Na penumbra, silenciosamente, os atores colocam as caixas em torno do palco. Alguns deles se enfeitam com faixas de tecidos. A música pára e as luzes se intensificam novamente. A cena começa. A história do narrador está lá, habilidosamente representada com movimento, diálogo e música. Os atores revelam a energia, o entusiasmo e a coragem de Gary quando ele vai para a aula junto com Eugênia. A cena ressalta sua visão de uma vida que vai além de cavar valas.

Sentado no palco, ao lado do diretor, Gary vê sua história transformar-se em realidade. Para a platéia, as emoções que ele expressa facialmente fazem parte do drama.

A cena termina. Os atores voltam-se para o narrador com *gestos que significam que o que acabaram de fazer* é um presente que lhe está sendo oferecido.

O diretor pede para Gary fazer um comentário sobre a cena: "É assim?".

Ele meneia a cabeça, concordando. "Sim, é isso mesmo."

"Gary, obrigado por sua história, e boa sorte!"

Gary volta para o seu lugar, sorrindo. Outro narrador vem para o palco *e assim por diante*, uma história após a outra, como um colar de contas multicolorido. Há um fio que as une, oculto, mas que é palpável.

O *playback theatre* é uma forma original de improvisação teatral na qual as pessoas relatam eventos reais de suas vidas e os vêem, logo em seguida, encenados no palco. Muitas vezes, acontece em locais apropriados para espetáculos, com uma companhia de atores treinados que encena as histórias das pessoas da platéia; ou pode ocorrer numa reunião de um grupo privado, na qual os membros do grupo se transformam em atores para as histórias de cada um. Existe um formato básico definido, embora seja constantemente adaptado, de vários modos. Qualquer experiência de vida pode ser narrada e encenada no *playback theatre*, do mundano ao transcendente, do hilário ao trágico — e algumas histórias podem conter tudo isso junto. O processo é eficaz, qualquer que seja o nível de habilidade dos atores. Tudo o que é necessário é respeito, empatia e espírito lúdico. Por outro lado, existe espaço também para muita arte e sofisticação, especialmente para quem trabalha com o *playback* em apresentações.

A expressão *"playback theatre"* refere-se tanto à forma em si quanto aos grupos que fazem esse tipo de trabalho. Atualmente, há grupos de *playback theatre* no mundo todo, e quando eles assim se autodenominam (nem todos o fazem), costumam acrescentar também algum outro nome que os distinga de outras companhias (normalmente, o nome de sua cidade ou região). Existe o "Sydney Playback Theatre", o "London Playback Theatre", o "Playback Theatre Northwest", entre outros.

A idéia básica é muito simples. No entanto, suas implicações são complexas e profundas. No momento em que as pessoas se reúnem e são convidadas a contar histórias pessoais para serem encenadas, vários valores e mensagens são veiculados, muitos dos quais radicalmente estranhos aos que prevalecem em nossa cultura. Um desses valores é a idéia de que você e sua experiência pessoal *são merecedores* desse tipo de atenção. O que está sendo dito é que sua vida é um bom tema para a arte, que os outros podem achar sua história interessante, ser mobilizados por ela e aprender com ela. Que por meio dela podemos estar mais perto de reflexões que tragam sentido para nossas vidas do que a dos ícones culturais de Hollywood e da Broadway. Estamos dizendo, também, que a expressão artística eficaz não é domínio exclusivo do ator profissional; todos nós, inclusive você e eu, temos elementos — dentro ou fora de nós mesmos — para criar algo belo que pode atingir outros corações. Por si só, uma história é da mais profunda importância; precisamos de histórias em nossas vidas para construir significados. Nossas próprias vidas são cheias de histórias se aprendermos a identificá-las. E estamos dizendo ainda que há mais — e menos — no teatro do que as grandes peças que nos foram legadas; que precedendo e acompanhando a tradição do teatro literário, tem havido sempre um teatro que é mais imediato, mais pessoal, mais humilde, mais acessível, e esse teatro tem origem na imorredoura necessidade de estabelecimento de conexões por meio do ritual estético[1].

O *playback theatre*, ao mesmo tempo em que se liga às tradições do teatro antigo e não tecnológico, é também novo. É produto de nosso tempo, originário de tendências contemporâneas, buscando atender às nossas necessidades atuais. De onde ele veio?

O *playback theatre* começou como uma visão de Jonathan Fox. Aqui passo a contar-lhes um pouco da minha própria história, pois, como esposa e companheira profissional de Jonathan, tomei parte no nascimento do *playback*.

Em 1974, estávamos morando em New London, Estado de Connecticut, uma pequena cidade litorânea, enegrecida por um conjunto de indústrias repugnantes. Jonathan trabalhava como escritor e professor de inglês na universidade, em tempo parcial. Tínhamos vários amigos — cujos filhos freqüentavam uma escolinha experimental — e eles pediram a Jonathan que os ajudasse a escrever uma peça de teatro que iriam encenar para seus filhos. Mesmo não estando ativamente envolvido com teatro, qualquer um que conhecesse Jonathan sabia de sua expressividade teatral histriônica, de seu gosto por espe-

---

1. Alguns desses pontos, e outros que estarei abordando neste livro, são explorados em profundidade mais teórica no livro de Jonathan Fox, *Acts of service: spontaneity, commitment, tradition in the nonscripted theatre* (New Paltz, Nova York, Tusitala, 1994).

táculos e, ao mesmo tempo, como ele era divertido, acolhedor e respeitoso.

Jonathan interessava-se por teatro desde a infância. Mas ele foi desestimulado pelos aspectos competitivos e, às vezes, narcísicos do mundo oficial do teatro. Em contrapartida, encontrou seus modelos e sua inspiração nos valores e na estética das tradições orais primitivas, nos teatros alternativos atuais e nos papéis reparatórios essenciais do ritual e da narração de histórias na vida das pequenas cidades pré-industriais da zona rural do Nepal, onde havia passado dois anos como voluntário do *Peace Corps* (Exército da Paz). Lá ele identificou alguns paralelismos com o legado ocidental das peças medievais de mistério e sobre milagres que havia estudado em Harvard. Essas peças estavam vinculadas aos ciclos das estações do ano e às datas comemorativas, e eram informais, íntimas e despudoradamente amadorísticas.

Quando terminou o projeto de teatro com os pais, em New London, todos queriam continuar trabalhando juntos. Convidaram-me para ser sua musicista. Fiquei lisonjeada — e apreensiva. Apesar de sempre ter tocado música, eu não sabia improvisar nem tocar sem uma partitura na minha frente. Para mim foi o começo de um desaprendizado e reaprendizado, da busca da minha espontaneidade e da minha fluência musical, perdidas havia muito tempo.

Nós nos denominávamos *"It's all grace"* (Tudo é graça). Encenávamos em praias, no gramado de uma instituição para pessoas retardadas, no porão de uma igreja. Nossos espetáculos eram improvisados, tematicamente profundos e ritualísticos, com muita energia e um certo teor de anarquia. Sob muitos aspectos, era excitante e recompensador. Mas Jonathan ainda continuava buscando.

Um dia, depois de uma xícara de chocolate quente no jantar, a idéia lhe apareceu: um teatro improvisado, baseado simplesmente em histórias da vida real das pessoas da platéia, encenadas no palco por um grupo de atores.

Alguns membros do *It's all grace* se mostraram dispostos a seguir nessa nova direção. Juntos, experimentamos o que significava fazer teatro a partir de nossas próprias histórias pessoais, com nenhuma outra preparação além daquela que nossa espontaneidade pudesse nos proporcionar no momento. Fizemos um espetáculo. Apesar de incipiente, o processo funcionou.

Em agosto de 1975, Jonathan e eu nos mudamos de New London para New Paltz, no interior do estado de Nova York, a três horas dali. Foi uma separação difícil. Jonathan tinha recebido uma oferta para completar sua formação em psicodrama no Instituto Moreno, em Beacon, NY, a qual, ele esperava, pudesse lhe dar a coragem e a sabedoria necessárias para enfrentar qualquer história da platéia, mesmo que delicadas ou dolorosas.

Em novembro daquele ano havíamos encontrado outro grupo de pessoas que se juntou a nós na pesquisa do novo teatro. A maioria delas vinha do meio psicodramático, atraídas pela intimidade e pela intensidade da encenação de histórias da vida real. Algumas tinham militado no teatro convencional, outras não. Independentemente disso, trouxeram uma rica variedade de experiências de vida. À medida que o trabalho se desenvolvia, tínhamos cada vez mais consciência da importância dessa multiplicidade de personalidades, idades, classes sociais, profissões, ambientes culturais e experiência teatral. Ter como atores pessoas comuns provou ser vantajoso.

Zerka Moreno, viúva do fundador do psicodrama, J. L. Moreno, e líder do movimento psicodramático mundial, estava intrigada com nossas idéias e intenções e foi generosa a ponto de bancar o aluguel de um espaço para os ensaios naquele primeiro ano. Mesmo nos estágios iniciais, ela viu a afinidade que havia entre o nosso trabalho e o inspirador teatro da espontaneidade de Moreno, a partir do qual se desenvolveu o psicodrama clássico.

Uma noite, estávamos sentados ao redor da mesa de jantar do Instituto Moreno, tomando chá e procurando um nome para essa aventura coletiva. Nomes voavam sobre a mesa, alguns inspirados, pretensiosos, obscuros, outros espirituosos. Fomos filtrando, até ficarem alguns, e, à moda do verdadeiro psicodrama, fomos invertendo os papéis com cada um deles. "Como você se sente, 'Nome', representando isso que estamos fazendo?" Houve um que revelou ser o que procurávamos: *playback theatre*.

Os primeiros cinco anos do *playback theatre* foram de grande excitação e muita confusão. Com freqüência, sentíamos que estávamos tateando no escuro, guiados apenas por um pequeno facho de luz. Nos deparávamos com certos refinamentos que funcionavam e eles foram se integrando ao nosso formato. Aprendemos a ouvir profundamente e a encontrar coragem para atuar, sem saber, com certeza, se o faríamos corretamente. Aprendemos a importância de uma estrutura ritual na qual se tecessem nossas efêmeras histórias, uma estrutura com elementos familiares e consistentes, tais como a seqüência da encenação de uma história e a disposição física do espaço cênico. Trabalhamos arduamente nossas relações uns com os outros, sabendo que nosso teatro dependia do trabalho intuitivo em equipe. Alguns dos primeiros integrantes saíram, deixando-nos com um núcleo básico constituído de pessoas que permanecem até hoje. Outros juntaram-se a nós ao longo dos anos, por meio de triagens que tentamos fazer de maneiras tão humanas e agradáveis quanto possível.

Nossos primeiros espetáculos foram simples ensaios gerais abertos. Conscientes de nossa falta de polimento, convidávamos as pessoas para pesquisar, participar de nossos jogos de aquecimento e para contar histórias juntos. Gradualmente, fomos nos sentindo em condições de apresentar espetáculos mais formalmente: agora havia o pagamento de ingressos, uma platéia e uma equipe que se sentia como equipe, do outro lado dos refletores. Mas nunca construímos a quarta parede. Durante nossos espetáculos, os membros da platéia juntavam-se a nós no palco e os atores prosseguiam com suas identidades no meio dos papéis.

Em 1977, saímos do átrio da igreja, em Beacon, e da proximidade de apoio do Instituto Moreno, para o Mid-Hudson Arts and Science Center, em Poughkeepsie, nossa residência nos nove anos seguintes. Instituímos uma série de apresentações regulares, nas "primeiras sextas-feiras" do mês. Cada mês havia novos rostos e, também, pessoas que compareciam regularmente ao nosso "teatro de vizinhos, não de estranhos", como Jonathan freqüentemente descrevia o trabalho em sua apresentação. E apesar de algumas pessoas da platéia não serem conhecidas ao chegar, a narração de histórias as levava a um sentimento de humanidade compartilhada. As pessoas podiam assistir no palco ao nascimento da história de um companheiro de platéia e pensar: "Poderia ser eu".

Alguns participantes, vendo o que acontecia quando as pessoas eram convidadas a contar suas histórias nesse contexto cordial, respeitador e artístico, pediam-nos para fazer *playback theatre* em seus locais de trabalho. Começamos a nos apresentar para a comunidade. Fomos à ala pediátrica de um hospital onde crianças doentes, algumas conduzidas em macas, falavam de suas operações, de seus acidentes e de seus sentimentos. Apresentamo-nos num festival, à margem de um rio, e fizemos nossa entrada descendo a encosta e tocando instrumentos de percussão. Fizemos apresentações rápidas no intervalo entre os discursos de uma conferência sobre o futuro do *Dutchess County**, dando à platéia a chance de expressar suas reações ao que estavam ouvindo.

Em 1979, um australiano assistiu ao nosso espetáculo num congresso de psicodrama em Nova York. Ele quis saber se concordaríamos em ir à Austrália e dissemos que sim, iríamos, se ele pudesse organizar tudo e nos pagar. No ano seguinte, quatro pessoas da companhia viajaram para Nova Zelândia e Austrália. Dirigimos *workshops* e fizemos apresentações em Auckland, Wellington, Sydney e Melbourne. Como precisávamos de mais do que quatro pessoas, nossa idéia era recrutar participantes nos *workshops* de cada centro, para juntarem-se a nós como uma equipe de *playback*. Funcionou. O processo de seleção constituía um desafio, tanto para nós quanto para os participantes do *workshop*, mas em cada local acabávamos tendo uma "companhia" maravilhosa. E a platéia foi capaz de se relacionar conosco de modo diferente e mais íntimo do que se tivéssemos sido apenas visitantes americanos. A atuação com atores locais também nos ajudou quando tínhamos alguma dificuldade com o idioma. Ainda que todos falássemos inglês, os narradores utilizavam algumas expressões que nunca haviam cruzado o Pacífico. Os atores americanos ficaram confusos com uma história a respeito de um "chook"***, até que seus companheiros da Austrália esclareceram a dúvida: "chook" é frango.

Essa viagem foi um marco. Em nossos *workshops*, os australianos e os neozelandeses reagiram com muita intensidade ao *playback theatre*. Em todos os lugares, algumas pessoas continuaram a trabalhar juntas, formando companhias de *playback* que desenvolveram, a partir de então, seus próprios movimentos e estilos distintos. Pela primeira vez, o *playback* era mais do que o nosso grupo. Esse processo vem prosseguindo desde 1980. Agora, em 1993***, existem pessoas fazendo *playback theatre* em aproximadamente 17 países do

---

* Região onde ficam as cidades de Beacon, Highland e Poughkeepsie. (N. T.)
** Em inglês, *chicken*. (N. T.)
*** Data da primeira edição, em 1999.

mundo, e, também, nos Estados Unidos. Elas estão trabalhando em teatros, escolas, clínicas, empresas, prisões — em qualquer lugar em que existam pessoas com histórias para contar.

Nossa companhia, que passou a ser conhecida como o "Playback Theatre original", para ser diferenciada das outras companhias que foram se formando, continuou a crescer e a mudar a partir dos anos 80. Fizemos muito trabalho social — com idosos, com adolescentes de risco, com pessoas deficientes, com presidiários. Empenhamo-nos em nosso desenvolvimento artístico sabendo que quanto mais habilidosos, mais profundamente poderíamos ser úteis à história. Fazíamos experiências levando algum material preparado para os espetáculos, alternando cenas ensaiadas com histórias da platéia relacionadas a determinado tema, como amor ou guerra nuclear. Em quase todos os espetáculos convidávamos integrantes da platéia para trocar de lugar com os atores e encenar uma história. A espontaneidade dos atores da platéia, suas "mentes de principiantes", com freqüência acabavam sendo o ponto alto do espetáculo. Às vezes encontrávamos modos originais de envolver a platéia. Num espetáculo em que o tema "nascimento" havia emergido intensamente, uma dúzia de homens da platéia subiu ao palco, um a um, apresentando-se no papel de mulher experienciando algum aspecto da gravidez, do parto ou da maternagem inicial — a primeira visita "desajeitada" ao obstetra, as provações físicas da gravidez, o momento mágico de tomar conta de um bebê num berçário.

Com freqüência, éramos requisitados para dirigir *workshops*, muitas vezes com pessoas mais interessadas em experienciar esse trabalho para seu próprio crescimento do que para se tornarem atores profissionais de *playback*. Oferecíamos aulas para crianças e víamos a pureza e o *insight* que elas, inclusive nossos filhos, podiam trazer para o *playback theatre*.

Para alguns de nós, o *playback theatre* se transformou em atividade profissional. Havia patrocinadores que pagavam nossos salários, por menor e instável que fosse. Alugamos um escritório e contratamos um administrador. Tivemos uma diretoria, uma previsão orçamentária e uma série crescente de preocupações. No final dos anos 80, estávamos exaustos. Ainda amávamos as histórias e, depois de muitos anos juntos, fazíamos parte da vida uns dos outros. Mas estávamos ficando sem energia para nos reunirmos toda semana, organizar espetáculos e gerar dinheiro suficiente para suprir as despesas. Decidimos, com muita dor, dar uma parada. Pelo menos para desativar o esquema da forma que estava estruturado, fechar o escritório, dispensar nosso administrador, e ver o que aconteceria. Fizemos a nossa última "primeira sexta-feira". Duas freqüentadoras assíduas que estavam na platéia choraram quando eu cantei "The Carnaval is Over" (O carnaval acabou).

Mas não tinha acabado. O *playback theatre*, a forma que criamos, tem crescido constantemente na medida em que mais e mais pessoas experimentam sua força e sua simplicidade. Alguns integrantes do grupo original agora trabalham com outros grupos, em casa e pelo mundo afora. E nós ainda nos apresentamos como companhia, quando temos vontade, quando um convite desperta nosso interesse. Voltamos às raízes, encontrando novamente a simplicidade de nossos primeiros anos.

Enquanto isso, o *playback*, como forma, continua a evoluir e a se desenvolver. Novos contextos trazem novas idéias e inovações, algumas das quais têm uma influência duradoura; outras, experimentais, duram pouco. Por intermédio da International Playback Theatre Network (Rede Internacional de Playback Theatre), os praticantes de *playback* ficam sabendo o que as outras pessoas estão fazendo no mundo e podem se inspirar. A essência permanece a mesma: um teatro baseado na encenação espontânea de histórias pessoais.

2

O SENSO DE HISTÓRIA

A história deve ser contada

Num *workshop* de treinamento de verão pude ver atores de *playback* de todas as partes do mundo improvisarem histórias juntos. Havia australianos com movimentos vigorosos e vozes trovejantes, russos utilizando metáfora e silêncio, europeus dizendo esparsos diálogos poéticos, americanos atuando com o coração. As cenas de *playback* que vi eram, muitas delas, bastante diferentes do nosso estilo original de trabalho. Mesmo assim, era evidente que, com toda essa variação, o processo de *playback theatre* funcionava *na medida em que a história era narrada*. Não importava muito se a cena era feita habilidosa ou desajeitadamente, com diálogo, com movimento, realista ou impressionista, com influências da *Commedia dell'arte* ou do teatro russo tradicional. Se a história era contada, a cena era um sucesso, o narrador ficava mobilizado e a platéia, satisfeita. Se não fosse, o brilho teatral não poderia ajudar.

Nessas cenas do *workshop*, porém, nem sempre a história era contada. Algumas vezes, perdia-se em detalhes desnecessários, em comunicação confusa entre os atores, ou ainda na necessidade de alguém estar em evidência. Outras vezes, uma encenação simbólica tornava-se desconectada da experiência concreta. Comecei a prestar atenção especial para descobrir o que as encenações bem-sucedidas tinham em comum. Pareceu-me que, subjacentes a todas as outras considerações, havia dois elementos essenciais, funcionando simultaneamente, assim como um copo e o espaço vazio que existe dentro dele: uma sensibilidade intuitiva para o significado da experiência do narrador e um senso estético de história em si.

Todos os integrantes de uma equipe de *playback* — os atores, o diretor, o músico, o iluminador (se existir) — precisam ser contadores de histórias. Eles precisam ser capazes de imaginar a forma de uma história e encaixar nesse padrão o relato muitas vezes desordenado do narrador. Caso contrário, todos vão se sentir frustrados, de alguma forma — o narrador, a platéia e até mesmo os próprios atores. Se, no entanto, forem capazes disso, existirá um sentimento palpável de prazer e de satisfação. Sentimo-nos profundamente gratificados quando vemos um fragmento da vida tomando forma desse modo.

A necessidade de histórias

Como sabemos o que é uma história? Sabemos porque estamos cercados de histórias desde o início da vida. Sabemos que uma história deve começar em algum lugar e contar como as coisas começaram. Depois, deve haver algum tipo de desenvolvimento, surpresa ou mudança e, em seguida, um final, um lugar para deixá-la. Existem infinitas possibilidades de escala e forma, que vão desde a sugestiva sutileza de uma fábula de um minuto até os enormes contornos de um romance vitoriano. É a presença de forma, de significado, de elementos relacionados entre si que nos diz: isso é uma história.

A forma de uma história é tão básica e tão penetrante que crianças de um ou dois anos de idade conseguem reconhecê-la quando a ouvem. E como qualquer pai, professor, babá ou irmã mais velha podem testemunhar, as crianças gostam de ouvir histórias. Na verdade, nesse sentido, nós nunca crescemos; todos nós queremos ouvir histórias e as procuramos onde quer que sejam oferecidas: nos filmes, em romances, no jornal, nas piadas ouvidas no trem.

E aprendemos a contar as nossas próprias histórias. Precisamos disso para sobreviver. A vida, enquanto está acontecendo, pode parecer aleatória e sem sentido. Freqüentemente, apenas quando contamos a história de algo que aconteceu, é que emerge alguma ordem do enorme conglomerado de detalhes e impressões. Quando tecemos nossa experiência em histórias, encontramos significado naquilo que experienciamos. Contar aos outros nossas histórias ajuda-nos a integrar seu significado para nós mesmos. Também é uma forma de contribuir para a busca universal de significado. A "forma", elemento intrínseco a uma história, pode transformar o caos e restaurar a sensação de que, apesar de tudo, pertencemos a um mundo fundamentalmente provido de sentido. Mesmo as experiências mais sofridas são de algum modo redimidas quando contadas como uma história. Pense nos inesquecíveis relatos dos sobreviventes do Holocausto e como tanto o narrador quanto o leitor ou ouvinte crescem com a narrativa.

Quando a necessidade não é satisfeita

As pessoas que, por alguma razão, não podem contar sua história ficam em terrível desvantagem. Precisamos ser ouvidos, confirmados e bem recebidos, como alguém que compartilha a condição humana. E necessitamos de sentido para nossa existência. Em *The men who mistook his wife for a hat* (O homem que confundiu sua mulher com um chapéu), Oliver Sacks descreve um homem com síndrome de Korsakov. A doença havia destruído sua memória de tal modo que ele estava condenado a viver no presente, desprovido de todo o sentido de antecedentes, lutando desesperadamente para manter-se situado em relação aos eventos à sua volta o tempo suficiente para que pudesse transformá-los em histórias. Sacks escreve:

> Cada um de nós *é* uma narrativa singular, construída, contínua e inconscientemente, por, por intermédio de, e em nós — por meio de nossas percepções, sentimentos, pensamentos; e, não menos importante, por nosso discurso, por nossa fala... Para sermos nós mesmos precisamos *ter* nós mesmos — possuir e, se necessário for, retomar nossas histórias de vida[1].

Freqüentemente participo de espetáculos de *playback theatre* para crianças com distúrbios emocionais, internadas para tratamento. As crianças, cujas idades variam entre 5 e 14 anos, ficam ansiosas para ir a esses espetáculos e os utilizam para contar experiências importantes — o fato de serem adotadas, a morte de uma irmã, a brincadeira com algumas crianças no parque — e para sentir, por um

---

1. Oliver Sacks. *The man who mistook his wife for a hat*. Nova York, Harper and Row, 1987, pp. 100-11.

certo tempo, que você faz parte de sua família. Nosso único problema é que o desejo de contar histórias é tão forte que sempre acabamos desapontando as pessoas que não tiveram a chance de ser narradoras. Há sempre uma dezena de mãos acenando: "agora eu, agora eu!". Mas o tempo nunca é suficiente para encenar as histórias de todos.

É comovente ver esse desejo tão intenso de ser ouvido. Em que outro momento de suas vidas elas têm tal oportunidade? Em uma instituição atarefada e cheia de crianças problemáticas, são poucos os momentos para um funcionário poder ouvir atentamente a história de uma criança. Poucas delas, se é que existe alguma, têm paciência e maturidade suficientes para ouvir. E a maioria se origina de famílias cujas necessidades concretas de sobrevivência, tais como alimentação, moradia e segurança física, tomaram o lugar da sutil fome de histórias.

Diferentemente do paciente de Sacks, essas crianças e muitas outras pessoas carentes lembram-se de suas histórias. Elas sabem que contá-las é de extrema importância. O que lhes falta é a oportunidade, que a maioria de nós tem, de compartilhar histórias ao longo de nosso cotidiano.

Histórias do dia-a-dia

O que está acontecendo, de fato, quando contamos nossas histórias? Partimos da necessidade fundamental de comunicar algo que aconteceu conosco, alguma coisa que tenhamos visto, experienciado ou concluído. Percebemos que contá-la aos outros pode conduzir a um fecho. Nosso senso de história se aflora. Esforçamo-nos para dar forma às nossas percepções e às nossas lembranças. Baseados em nossos sentimentos sobre o tema, sobre por que essa história pede para ser contada, escolhemos incluir alguns detalhes e omitir outros, enfatizando alguns aspectos e relevando outros. Temos uma noção aproximada de quando a história deve começar e terminar e qual é o seu conteúdo essencial.

Nem sempre essa narrativa cotidiana de histórias acontece com facilidade. Às vezes, o ocorrido está tão enterrado, que parece inacessível ou confuso quanto à questão central e tropeçamos em uma porção de detalhes. Algumas pessoas simplesmente são mais habilidosas para contar histórias do que outras. Todos temos amigos que conseguem ser fascinantes, mesmo quando falam de coisas mundanas, enquanto que outros são cansativos e difíceis de acompanhar seja qual for o conteúdo de sua história.

> *Minha amiga está me contando algo que acabou de acontecer no trabalho: "Eu estava no meio da aula hoje e, de repente, vimos um balão enorme aterrissando no* playground. *Corremos todos para fora, professores e alunos. Meu Deus, ficamos tão excitados! Os balonistas saíram e disseram que alguma coisa saiu errada, e por isso fizeram um pouso de emergência. Então, o assistente do diretor apareceu. Foi incrível: ele disse aos balonistas que a escola era propriedade do Estado, que eles não tinham o direito de estar ali e que chamaria a polícia se não fossem embora imediatamente".*

Instintivamente, ela formatou seu relato como uma história. Ela não contou todos os detalhes do que havia acontecido; apenas as características que me dariam a imagem mais viva daquilo que ela havia experienciado.

As histórias que contamos sobre nós mesmos ficam acrescidas de um sentido de *self*, de uma identidade, a mais pessoal de todas as mitologias. Também contamos histórias sobre nosso mundo e elas nos ajudam a compreender o que, de outro modo, pareceria um universo confuso e indefinido. A história, os mitos e as lendas são formatos com essa função. São modos de organizar e relatar a experiência humana para que ela possa ser relembrada e compreendida.

As histórias no *playback theatre*

Somos todos contadores de histórias. A história é construída dentro de nosso modo de pensar. Precisamos de histórias para nossa saúde emocional e para nosso senso de lugar no mundo. Durante toda a nossa vida procuramos oportunidades para ouvi-las e contá-las, e estou convencida de que esta é a razão pela qual o *playback theatre* tenha crescido tanto: é um lugar em que se supre a necessidade de histórias.

"Posso contar algo bem comum?", pergunta uma estudante após a dramática encenação de um pesadelo. A história dela é sobre sua ida a um spa com sua mãe e sobre sua primeira experiência de tomar banho de lama. As perguntas do diretor buscam novos aspectos. A mãe da garota mora longe. Esse evento acontece durante um dos raros e preciosos momentos em que as duas estão juntas. A narradora escolhe mulheres para todos os papéis, incluindo o de lama e o de uma atendente amistosa. A encenação tem as características de um ritual feminino; a experiência maternal alimentadora de estar imersa na lama elementar, quentinha e confortável.

Nossa tarefa no *playback theatre* é ir além do que normalmente fazemos em nosso modo de contar histórias do cotidiano. Nosso trabalho é revelar a perfeição de formas e o significado de qualquer experiência, mesmo que seja narrada de maneira nebulosa e informe. Conferimos dignidade às histórias, com ritual e consciência estética, interligando-as para que formem uma história coletiva a respeito de determinada comunidade, seja a comunidade transitória constituída pelo público de um espetáculo, seja um grupo de pessoas cujas vidas estejam interconectadas de forma mais continuada. Um grupo de pessoas que compartilha suas histórias deste modo não pode deixar de se sentir conectado: o *playback theatre* é um poderoso edificador de comunidades. Oferecemos uma arena pública na qual o significado da experiência individual se expande para fazer parte de um sentido compartilhado de existência significativa. Algumas vezes, no *playback theatre*, as pessoas contam fatos profundamente trágicos de suas vidas. Essas histórias proporcionam uma experiência de cura, não apenas aos narradores, mas para todos os presentes. Ao assistir à revelação da história de uma pessoa que você não conhece, você pode sentir que está testemunhando sua própria vida, sua própria paixão, independentemente de ter vivido uma experiência similar ou não. Estamos mais profundamente conectados pelas emoções e pelos fatos da vida do que por detalhes específicos de nossa experiência individual.

Lembro-me de um homem que contou a morte de sua esposa há alguns anos. Naquele momento, ele não conseguia estar emocionalmente tão presente com seus filhos quanto desejaria. Na platéia estava seu filho, na ocasião, um adulto jovem. Ao final da história, pai e filho se abraçaram, enquanto a pequena platéia e toda a equipe compartilhavam suas lágrimas regenerativas.

Para cumprir a promessa do *playback theatre*, devemos ter um forte senso do contorno flexível e estético de uma história, sabendo como criá-la a partir do que quer que nos seja dado pelo narrador. Devemos ser capazes de fornecer o começo, o desenvolvimento e a conclusão essenciais, mesmo quando a narrativa não nos oferece isso claramente. Devemos estar atentos aos detalhes que enriquecem a história com vivacidade e graça. Ao improvisar, precisamos fazer uma edição, decidindo no momento quais dos aspectos ouvidos são fundamentais para a história a ser contada. Devemos nos perguntar: "Por que essa história?", "Por que aqui-e-agora?", a fim de sentirmos seus significados mais íntimos.

A essência da história

Encontrar o cerne da história é tarefa delicada. Você não pode simplesmente resolvê-la e relatá-la grosseiramente, como se fosse a solução de um quebra-cabeça. Você não pode reduzi-la à sua essência, como se faz com uma fórmula química. Qualquer que seja a essência, ela *necessita* das características de uma história para se expressar. Ela é um conjunto de significados relacionados entre si, inseparáveis dos próprios fatos, sem os quais esta história não "pediria para ser narrada".

Às vezes, o significado mais completo da história se localiza além das palavras que são ditas — por exemplo, na expressão facial do narrador ou na sua linguagem corporal. Certa ocasião, num ensaio do *playback theatre*, um homem contou a história de uma terrível ida ao dentista quando ele era criança. A história parecia ser sobre o comportamento de "bom menino", mesmo num momento de medo e de dor. Mas quando eu, como diretora, lhe perguntei quem havia ido junto, ele virou-se completamente para mim e seus olhos brilharam. "Meu pai!", ele disse. Aquela mudança em sua postura e em sua expressão facial disseram-me que essa história poderia também ser sobre a proximidade entre ele e seu pai, que havia falecido tempos atrás. Esta compreensão da história não significou que nossa encenação deveria focar de forma especial a relação de Seth com seu pai.

A riqueza e a eficácia da encenação, não somente para o narrador, mas para todos, advém do fato de permitirmos que todas as dimensões de sentido da história estejam presentes, ecoando e iluminando umas às outras.

A história maior

A maioria das pessoas vem para o *playback theatre* já com uma experiência de vida de contar e ouvir histórias pessoais de todos os tipos. Quando entendem o que é esse teatro, ele lhes parece familiar. "Oh! Algo que realmente aconteceu comigo", dizem. No entanto, é também muito diferente. Contar sua história num contexto público, embora informal, não é o mesmo que conversar com um amigo ao telefone. Existem a platéia e os atores, o espaço vazio no palco e o delineamento do ritual. Esses elementos transformam o campo no qual as histórias são narradas. Existe uma ampliação da ressonância, como se você estivesse cantando em uma caverna que produz eco em lugar de estar cantando na sala de sua casa. Os narradores normalmente sentem isso e respondem contando histórias fortes, que expressam um pedaço de sua verdade, corporificadas em experiências subjetivas vívidas. Eles dão testemunho, oferecendo sua história privada no âmbito social.

Existem narradores que parecem não ter acesso a histórias significativas. Eles se levantam e contam meras anedotas ou ecos do tipo "eu também" da história de outro narrador. Ou estão confusos sobre o que desejam contar ou não conseguem responder às tentativas do diretor em ajudá-los a clarear a história. Nós nos sentíamos frustrados com esses narradores, em nossa companhia, até mesmo com raiva por eles nos negarem a satisfação de encenar uma "boa" história.

Com o passar do tempo, percebemos que sempre existe uma história maior sendo narrada: aquela que transcende a história de qualquer narrador individual. É a história desse espetáculo em particular; tudo o que acontece é parte dele, desde o momento em que nos encontramos até o último adeus. É tarefa do diretor, principalmente, fazer com que todos percebam essa história maior, mais abrangente; lembrar às pessoas o fato significativo de que estamos juntos naquele momento justamente para honrar nossas histórias; apontar os temas que estão emergindo, as conexões entre as histórias e o sentido de esta ou aquela pessoa tornar-se um narrador; mesmo numa apresentação problemática, convidar a platéia a olhar para a responsabilidade coletiva sobre o que está acontecendo. As histórias são inseparáveis do contexto no qual foram narradas e os detalhes desse contexto são tão significativos quanto aqueles da própria história.

É difícil manter uma consciência dessa dimensão. No palco, tendemos a centrar nosso foco na história que está sendo narrada e nos desafios para encená-la. Precisamos manter nossas mentes como câmaras de cinema, em condições de fazer uma tomada do conjunto. Se estivermos atentos, há momentos que podem nos ajudar a amarrar o espetáculo. Um deles aparece logo no início. A fase de aquecimento terminou e o diretor diz: "Quem vai ser o primeiro narrador desta noite?". Momentos de espera. Silêncio. Alguém se movimenta na platéia. Uma figura destaca-se do grupo, dirige-se ao palco, torna-se uma pessoa com rosto, voz, nome e uma história. Fico surpresa todas as vezes que presencio isso. E como é maravilhoso que isso aconteça e que possamos dizer: "Estamos aqui para encenar sua história" e que um estranho diga: "Eu tenho uma história".

Durante nossa viagem pela Austrália, em 1980, apresentamo-nos em um teatro grande e importante de Sydney. Estava lotado, o que era gratificante, mas também sabíamos que isso poderia ser um mau sinal no que diz respeito ao tipo de histórias que poderíamos esperar. Havíamos aprendido que as "boas" histórias, aquelas suculentas, sobre as questões mais profundas da vida, normalmente apareciam quando a platéia era pequena ou, de algum modo, quando as pessoas estavam bem conectadas entre si. As pessoas deveriam ter alguma boa razão para confiar umas nas outras. Com uma grande platéia, num espetáculo público, havia poucas chances de que qualquer coisa não fosse mera anedota.

E foi o que tivemos nesse espetáculo de Sydney: histórias sobre gambás no telhado e sobre um martim-pescador alimentando seu filhote. Durante alguns anos, esse espetáculo foi tomado como um bom exemplo para o nível superficial típico de platéias numerosas. Atualmente, entretanto, penso que deve ter havido pelo menos duas importantes dimensões das quais não nos demos conta no momento. Uma, era a ligação entre o tema dos alienígenas e a nossa própria visita: os primeiros são os animais selvagens, introduzidos rudemente na vida urbana, e os segundos, nós, os estrangeiros, os desconhecidos, subitamente entre eles. Além disso, existe a natureza totêmica dos próprios animais. Embora possa não ser relevante para um habitante da cidade, a Austrália é um país onde vivem animais muito fortes. Gambás, martim-pescadores e cangurus são o coração da cosmologia da idade do sonho aborígene. Histórias de animais na Austrália, com certeza, devem ser ouvidas nesse contexto.

Quando começa um evento de *playback theatre*, nunca sabemos quais serão as histórias, que temas vão aparecer e nem de onde virão, para serem utilizados na tapeçaria que será tecida naquela noite. Temos que despertar nosso senso de história à medida que ouvimos as palavras do narrador, buscamos os vários níveis do significado de estarmos juntos dessa forma, nesse momento e nesse local.

A história de Elaine

> Num espetáculo público do playback, Elaine, uma mulher grisalha, conta um episódio inusitado, quando nadou nua em uma lagoa, com um rapaz muito mais novo do que ela, que conhecera havia pouco num workshop. Nadar estava sendo maravilhoso, mas quando chegou a hora de ir embora ela percebeu que não conseguiria sair da lagoa. O rapaz a ajudou, segurando-a pelos braços e puxando-a para fora. Ela se deu conta de que estava totalmente nua, frente a frente não somente com ele, mas também com a consciência inquestionável de seu próprio corpo com sinais de envelhecimento.

O modo como Elaine descreveu sua experiência destacou o significado que tinha para ela. Ela se divertia, mas, obviamente, não parecia constrangida com esse momento embaraçoso e seus ecos de mortalidade. Pelo contrário, ela estava nos contando que aceitara o fato de seu envelhecimento e até sentia certo prazer pelo modo como a vida se lhe apresentava com sua verdade nua.

Essa história também foi parte de uma história maior. Havia elementos significativos mais fora do que dentro da história em si, embora esses dois aspectos, o conteúdo e o contexto, ressoassem e dialogassem um com o outro. A diretora conhecia Elaine e sabia que ela era, na verdade, muito mais velha do que aparentava, uma mulher de setenta anos, que parecia ter, no máximo, cinqüenta. A diretora contou isso à platéia, com o consentimento da narradora. Isso tornou sua história bem mais dramática. Ela era a primeira narradora da noite, o que nos diz algo sobre sua coragem e também sobre seu desejo de ser vista — ambos os fatos relevantes para a história.

A encenação começa com o passeio de carro, que a conduziu ao banho na lagoa. O ator que fazia o papel de Elaine está muito engraçado e cheio de vida, ao contrário do acompanhante, mais silencioso. A cena vai se desenrolando em direção ao momento em que, voltando para o workshop, eles passam por uma convidativa lagoa e Elaine sugere o banho. "Eu não trouxe meu maiô", diz o rapaz. "Tudo bem, eu também não", diz o ator que fazia o papel da narradora, jogando fora exuberantemente os panos com os quais ele havia composto a personagem. Eles nadam e espalham a água fresca. A música transmite o prazer e o abandono dos dois. Então, o clímax: o rapaz sai da lagoa sem nenhum esforço, mas Elaine é incapaz de segui-lo. Ele a puxa para a margem. Um longo momento enquanto eles permanecem lá, o corpo jovem e o corpo idoso. Toda a experiência interior de Elaine naquele momento está ali, na face do ator e na música de acompanhamento. E assim termina.

Elaine é uma daquelas narradoras que têm habilidade para contar histórias. Não foi difícil para a equipe do *playback* encontrar uma forma estética para sua aventura. Mais uma vez, eles lançaram mão de seu senso de história para selecionar e moldar os eventos-chave. Escolheram começar pelo passeio turístico, sabendo que, embora não precisássemos ver o encontro deles no *workshop*, a história deveria ter um começo, um ambiente para o evento principal, assim como uma cordilheira ambienta-se na planície que a cerca. Quando chegaram ao clímax, os atores mantiveram a cena do encontro dos dois, frente a frente, por um tempo maior do que a duração real daquele momento, como uma externalização analógica da experiência interna de Elaine. Eles sabiam, então, que a história havia sido contada, que não havia necessidade de mostrar mais nada, portanto, encerraram a cena.

As escolhas dos atores sobre o que enfatizar, o que omitir, vieram de seu senso coletivo quanto ao teor da história. Eles perceberam, pelas palavras de Elaine e pelas informações contextuais mencionadas anteriormente, que essa história versava sobre como enfrentar o fato de envelhecer com graça e senso de humor. O sentimento unânime que compartilhavam sobre esse significado, aliado ao seu senso de história, permitiu que fizessem a cena com bastante eficácia, sem discussões ou planejamento. Se um dos atores tivesse pensado que a história era sobre questões sexuais entre Elaine e o rapaz, por exemplo, a encenação certamente tomaria um rumo diferente, com menos unidade artística.

Ao assistir à cena, Elaine ria bastante, apertando as mãos e inclinando o corpo na direção dos atores. Quando terminou, ela voltou-se para o diretor com um ar de satisfação e disse: "Sim, é isso mesmo!".

A platéia também achou engraçada a história. Mas durante o clímax, em meio às gargalhadas, havia também um conhecimento da profundidade daquele momento. Elaine não estava sozinha em sua consciência de tempo e de mudança, de juventude e de maturidade, de espontaneidade e de deploráveis limitações.

Identificar os significados entremeados na experiência do narrador e transmiti-los em forma de história é o cerne do processo do *playback theatre*. Os capítulos seguintes irão explorar os diferentes aspectos da prática do *playback* e como cada um deles ajuda nessa tarefa.

3

AS CENAS E AS OUTRAS FORMAS

Um espetáculo de *playback theatre* inclui várias formas de interpretar as histórias da platéia. As básicas são: cenas, esculturas fluidas e pares[1]. Vamos ver cada uma delas na ordem em que, provavelmente, apareceriam num espetáculo.

Digamos que viemos a um espetáculo, dentro de uma série de apresentações públicas mensais (algo que muitas companhias de *playback* adotaram). A platéia é composta por algumas pessoas que comparecem habitualmente e por outras que vieram pela primeira vez. O diretor sabe que uma de suas primeiras tarefas é explicar às pessoas novas o que é o *playback* e mostrar que se trata de um lugar seguro para contar suas histórias. É muito importante ter um ritual de abertura, tanto para as pessoas que freqüentam regularmente quanto para aquelas que estão ali pela primeira vez. O diretor deve ressaltar que as histórias reais de pessoas comuns são valiosas para serem compartilhadas em público e para receberem um tratamento artístico.

O espetáculo começa com um pouco de música, seguida por algumas palavras de introdução do diretor, explicando o que é *playback theatre* e estabelecendo um clima de cordialidade e respeito.

Esculturas fluidas

Ainda não é o momento de começar com as histórias. A platéia precisa sentir-se integrada ao processo do *playback*. O elenco faz,

---

1. Algumas companhias na Austrália referem-se às esculturas fluidas e pares, respectivamente, como "momentos" e "conflitos".

43

primeiro, uma série de três ou quatro esculturas fluidas, conjuntos curtos e abstratos de som e movimento que traduzem as respostas da platéia às indagações do diretor.

A primeira pergunta é bem simples, relacionada a algum assunto sobre o qual as pessoas provavelmente tenham vontade de falar.

"Bem, estamos numa sexta-feira à noite. Como vocês se sentem no final de uma semana de trabalho?"

Três pessoas se manifestam. O diretor aponta para uma delas.

"Como está para você?"

"Estou esgotada. Eu não sei se conseguiria passar por outra semana igual a esta."

"Qual é o seu nome?"

"Dona."

"Obrigado, Dona. Olhe."

Um ator levanta-se do caixote onde estava sentado com os demais companheiros. Vai para o meio do palco e seu corpo parece esmorecer enquanto ele murmura: "Acabou... eu não posso acreditar... acabou!...". O músico toca uns acordes lentos e dissonantes no violão. Outro ator vem juntar-se ao primeiro, depois de um instante, batendo na cabeça e emitindo sons agudos, sem palavras. Mais três atores acrescentam sua contribuição, articulando suas ações com o que já está ali, de forma que, ao final, existe uma escultura humana orgânica e cinestésica, que representa a experiência de Dona. É curta — não mais do que um minuto no total.

"Dona, foi ruim assim?"

"Sim! Obrigada."

O diretor já pode prosseguir com os outros temas. Como a experiência de Dona foi tão dura, o diretor pergunta se alguém teve uma semana diferente. Uma pessoa diz: "Melhor do que o usual; tudo parecia fluir". Essa escultura fluida é completamente diferente da primeira, ocupando mais espaço no palco, onde os atores traduzem "fluir" em termos físicos, acompanhados por uma percussão mais exuberante. Ocorrem mais algumas perguntas, respostas e esculturas fluidas, cada uma como um fragmento de vida.

Até o momento em que o diretor conduz o espetáculo para as cenas propriamente ditas, várias coisas aconteceram com as pessoas da platéia. O ponto crucial do processo do *playback* — criar um teatro com base em experiências reais — está, nesse instante, evidente para todos. A platéia percebeu que foi convidada a participar, mas em nenhum momento foi pressionada a fazê-lo. Suas respostas mereceram respeito e atenção estética. Sentiram a satisfação — direta ou indiretamente — de reconhecer sua experiência traduzida de forma artística. As pessoas passam a sentir-se ligadas umas às outras, princípio do sentido de comunidade. E algumas começam a pensar em outras experiências que gostariam de relatar nesse contexto. Elas estão prontas para serem narradoras.

Cenas: a entrevista

"Agora vamos passar a fazer histórias sobre coisas que aconteceram com vocês, talvez esta manhã, quando vocês eram crianças ou num sonho." O diretor faz uma pausa. "Quem vai ser o primeiro narrador esta noite?"

Até aqui as pessoas tinham respondido às perguntas sentadas em seus lugares na platéia. Mas agora é o momento de alguém vir ao palco, sentar-se na cadeira do narrador, ao lado do diretor, e contar sua história.

Nada acontece. Algumas pessoas da platéia se entreolham, um pouco ansiosas. E se ninguém tiver uma história? Mas o diretor e os atores estão tranqüilos. Eles sabem que nesse momento de latência muitas histórias estão emergindo. Basta ter paciência e alguém toma a iniciativa.

Um homem ergue a mão, já se levantando da cadeira. Ele é um dos freqüentadores das sessões mensais.

"Oi, Ricardo. Você tem uma história esta noite?"

"Bem, por alguma razão eu tenho pensado nisso. Aconteceu quando eu era criança."

Estamos no primeiro dos cinco estágios da encenação: a entrevista. O diretor faz algumas perguntas para esclarecer a história. Desde o início, o desafio é achar as pistas que permitirão à equipe fazer teatro a partir de uma experiência em estado bruto. Como vimos no Capítulo 2, é preciso acima de tudo, compreender a essência da história, a razão pela qual ela está sendo contada; e o senso estético, sem o qual a cena ficará sem uma configuração coerente e satisfatória. Na entrevista, o diretor tenta identificar os fatos básicos — quem, onde, o que aconteceu — da forma mais parcimoniosa possível. O diretor vai solicitando ao narrador que escolha os atores para cada papel, na medida em que vão emergindo da narração. Eles também podem representar elementos abstratos e inanimados se forem importantes para o significado da história. Os atores se levantam à medida que vão sendo escolhidos, preparando-se interiormente para o papel, mas ainda sem nenhuma atuação.

"Você tinha seis anos e morava numa fazenda. Escolha alguém que vai ser o Ricardo com seis anos de idade."

"Andy, você pode fazer o meu papel."

"Está bem. E quem mais está nessa história?"

"Meu pai."

"Você pode escolher alguém para representar o papel de seu pai?"

À medida que vão sendo escolhidos, os atores vão ficando em pé, em frente aos caixotes nos quais estavam sentados, ainda sem atuar, apenas ouvindo a história, agora sabendo que têm um papel específico a desempenhar. A escolha dos atores, por si só, é muito dramática. Há uma promessa evidente de que esta conversa entre o diretor e o narrador seja o preâmbulo para a ação. A cena que vai acontecer começa a dançar em nossa fantasia, no espaço vazio existente entre os atores e o narrador.

A entrevista se encerra com um breve sumário e, talvez, uma sugestão para a encenação. Por ora está terminada a tarefa do diretor, assim como a do narrador.

"Vamos ver a história de Ricardo, sobre ser apaixonado pela liberdade e ser punido por isso. Olhem."

A montagem

A segunda etapa, a montagem, leva-nos ao reino da ação. As luzes são diminuídas de modo que o ambiente fique na penumbra. Os músicos começam a tocar, improvisando uma música que evoca um estado de alegria infantil. Os atores movem-se silenciosa e deliberadamente para suas posições. Alguns deles selecionam pedaços de tecido como trajes impressionistas ou peças do cenário. Outros colocam algumas das caixas em volta do palco, como simples marcações de cena. Não existe nenhuma combinação[2]. A música pára quando todos estão prontos. Acendem-se as luzes e a cena começa. Para a platéia isso pode parecer mágico, especialmente quando a cena corre bem. Como os atores podem saber o que fazer sem que haja uma combinação? O segredo é que na ausência de um texto ou de um planejamento da ação, os atores dependem de seu senso de história altamente desenvolvido, de sua habilidade empática para alcançar os vários níveis de significado da experiência da pessoa, assim como de sua abertura para o outro. A disciplina de ter de criar cenas sem planejamento verbal desenvolveu a perícia necessária.

A encenação

O terceiro estágio é a encenação propriamente dita.

A cena começa com Andy, o ator que está fazendo o papel de Ricardo, andando sem parar enquanto seu pai, fazendeiro, tenta consertar algumas máquinas quebradas. O menino acompanha os passos do pai.

"Pare de me amolar, Ric", diz finalmente o pai, um pouco desacorçoado.
"Posso ir brincar no celeiro, pai?", pergunta o menino.
"Pode, mas sem gracinhas, entendeu?", disse o pai num tom ameaçador. "Você se lembra da última vez?"

Ricardo corre para o celeiro, no outro lado do palco. Três atores estavam esperando, com movimentos em câmera lenta, enrolados com retalhos de tecido brilhante. Quando ele chega, começam a se mover mais um pouco. O ator que está fazendo o papel do garoto corre de um lado para outro, gritando, pulando em pilhas de feno, balançando numa corda. Tudo é feito por mímica, é claro, mas como ouvimos a

---

2. Em algumas companhias de *playback theatre*, os atores combinam a cena em segredo, antes da montagem. Minha observação é que isso não melhora a qualidade da cena, necessariamente. A menos que se tenha um tempo significativo para preparar, é improvável que o que possa ser planejado verbalmente fique melhor do que aquilo que a intuição e o trabalho em equipe possa fazer surgir. Uma combinação prévia também pode conduzir a problemas inesperados — veja no Capítulo 6.

história podemos acompanhar o ator no mundo imaginário que ele está criando. A música ajuda, com frases pairando como um assobio deslizante. Os outros atores amplificam a alegria da criança com sons e movimentos impressionistas. Eles são o espírito do celeiro.

O menino pula em volta deles. Começa a tirar a camisa, mas interrompe: "Papai disse...". Mas é tomado novamente por uma sensual liberdade. Descuidadamente, tira toda sua roupa.

Aumenta-se o volume da música e uma nota sinistra se intromete. De repente, pára. Em meio ao silêncio abrupto, surge o pai. Os espíritos do celeiro se retraem.

"Seu diabinho! O que eu tinha lhe dito?" Tirando a cinta, movimenta-se ameaçadoramente em direção à criança. As luzes mudam para um azul sombrio. Com um vagaroso rufo de tambor produzindo um ambiente austero, o pai bate no filho.

O homem deixa o celeiro. As luzes permanecem baixas. O ator que interpreta o narrador está no chão, enrolado. Os espíritos do celeiro ecoam seu choro silencioso.

O reconhecimento

O quarto passo da cena é um momento curto, mas importante: o do reconhecimento. A história foi contada e a ação terminou. Os atores se voltam para Ricardo ainda em suas posições no palco e olham para ele. Eles estão tanto no papel quanto fora dele. Seus gestos dizem: "Ouvimos sua história e fizemos o melhor possível para encená-la. Por favor, aceite nosso presente!". É uma expressão de humildade e respeito, de coragem de se apropriarem de sua representação, por mais imperfeita que tenha sido.

A devolução ao narrador

No quinto passo, a etapa final, o foco volta para o narrador e para o diretor. Ricardo está assoando o nariz. Gentilmente, o diretor lhe dá a chance de fazer um comentário.

"Isto foi semelhante à sua história, Ricardo?"

Ricardo faz um aceno com a cabeça, ainda sem conseguir falar.

"Como você sabe, no *playback* podemos, algumas vezes, fazer uma transformação, mudar o final para qualquer coisa que você queira."

Ricardo considera essa possibilidade. A seguir, balança a cabeça. "Está tudo OK. Eu posso deixá-la do jeito que foi." Ele olha para os atores, que ainda estão no palco. "De certa forma, penso que minha vida toda, desde essa época, tem sido realmente uma transformação. Eu vivo da música e estou dançando com aqueles espíritos do celeiro durante o tempo todo."

"Com e sem roupas", diz o diretor. Ricardo e a audiência riem.

"Certo", ele diz.

"Bem, muito obrigado por essa história. Foi bastante forte para começarmos nessa noite."

Correções e transformações

Quando a história de Ricardo terminou, o diretor assegurou-se de que o narrador tivesse a chance de dar a última palavra. Se ele tivesse dado alguma indicação de que algo na encenação tinha sido significativamente incorreto, diminuindo a eficácia da cena para ele, o diretor poderia ter solicitado aos atores que fizessem uma *correção* — uma reconstrução da cena, incorporando o comentário feito pelo narrador. Mas a resposta de Ricardo deixou claro que ele ficou satisfeito, que a cena havia realmente se equiparado à sua experiência.

O diretor perguntou a Ricardo se ele gostaria de ver sua experiência encenada com um final diferente — uma *transformação*. Desta vez o narrador sentiu que não seria necessário. Ele tinha consciência de como a própria vida lhe havia proporcionado seqüências curativas para sua experiência.

Embora haja momentos em que uma transformação pode ser poderosamente reparadora — para a platéia e para os atores, tanto quanto para o narrador —, temos aprendido, com o passar do tempo, que com freqüência uma história de final doloroso acaba tendo uma experiência reparatória com o narrador seguinte. Uma história dialoga com a outra, num processo sutil. Não é uma atitude intencional por parte dos narradores. Espontaneamente, uma história de morte no começo do espetáculo costuma ser indiretamente respondida por uma história alegre de nascimento. Ou uma história de humilhação pode ser eventualmente seguida por outra de triunfo.

Temos sugerido transformações muito raramente, acreditando nessa tendência de a história maior construir-se por si mesma num padrão de totalidade.

Ricardo volta ao seu lugar e outra pessoa senta-se na cadeira do narrador. Mais duas histórias e o diretor diz: "Agora vamos fazer algo um pouco diferente".

Pares

Os atores ficam no palco, dois a dois. Cada dupla fica bem junto, um na frente e outro atrás, os dois olhando para a platéia. Dependendo do número de atores, poderão ser formadas duas ou três duplas. O diretor pede às pessoas da platéia que pensem em momentos em que viveram ao mesmo tempo dois sentimentos contrastantes ou conflitantes.

"Amor e repugnância", alguém diz.

"Em que momento?", pergunta o diretor.

"Com meus aluninhos de primeiro ano. Eu os adoro, mas às vezes me embrulha o estômago ter de lidar com seus ranhos, seus piolhos e seu cheiro." Cada par de atores combina, falando baixinho, quem vai retratar qual emoção e quem vai ficar na frente. Tudo o mais é improvisado. O par que fica à direita do palco começa. Os atores se entrelaçam e lutam um com o outro; suas palavras e sons não verbais sobrepõem-se em contraponto. Sua proximidade cria a ilusão de que não são dois atores, mas uma só pessoa com dois "eus" divergentes.

O primeiro par dura menos de um minuto e é seguido imediatamente pelo outro, e depois pelo terceiro. Cada par é muito diferente. Os atores se sintonizaram com diferentes aspectos da experiência do narrador. Um par pode ir mais de encontro a essa experiência do que os outros, mas a riqueza de várias interpretações dá chance para que a platéia também se veja representada.

O diretor solicita mais desses sentimentos. Agora que captaram a idéia, várias pessoas erguem as mãos. A experiência de se sentir puxado por dois sentimentos diferentes é muito familiar para quase todo mundo e, de algum modo, é muito satisfatório ver esse conflito interno externalizado.

Do ponto de vista teatral, os pares têm a função de propiciar um pico de intensidade, uma mudança de ritmo em um processo de encenação que pode ter sido extenso e, algumas vezes, muito falado. Também pode ser um modo de dar um passo à frente com temas que tenham emergido nas cenas. O diretor poderia, por exemplo, pedir às pessoas que pensassem a respeito dos sentimentos polarizados da história de Ricardo e em que momento teriam experimentado essa luta entre a convenção e a sensualidade.

Assim como essas três formas básicas — cenas, esculturas fluidas e pares —, há muitas variações que podem ser utilizadas. Vejamos algumas delas.

Coro

Em geral, três atores — no mínimo — ficam bem juntos formando um grupo. Um dá início a uma ação, utilizando movimentos, sons ou palavras. Instantaneamente, os outros fazem um eco dessa oferta inicial e todo o coro passa a explorá-la em conjunto. Em seguida, outra pessoa inicia uma nova idéia, que é adotada e ampliada por todos imediatamente. O grupo termina movendo-se pelo palco como uma ameba.

Uma história completa pode ser narrada deste modo caricaturizado e não linear, talvez com atores separando-se do grupo de vez em quando para assumir um papel e voltando posteriormente. Ou o coro pode ser um elemento dramático de humor em uma cena convencional (usado desta forma, também é chamado de "escultura de humor"). O coro foi desenvolvido inicialmente por atores de *playback* da Austrália e Nova Zelândia.

Fantoches de *playback*

Uma narradora está sentada na cadeira para contar a próxima história. Mas os atores desapareceram. Em lugar deles, existe uma cortina no palco, de cerca de um metro e meio de altura, estendida entre dois pontos. A narradora fica um pouco confusa. O diretor inicia a entrevista da forma habitual. A narradora começa a história. "Escolha alguma coisa para fazer o seu papel", diz o diretor apontando a cortina, acima da qual começam a subir lentamente quatro ou cinco objetos estranhos. Aparecem um machado, uma vassoura de brinquedo, uma garrafa de detergente, um pequeno cavalo com crina de lantejoula. A narradora suspira, surpresa. Olha com mais cuidado e escolhe o cavalo. Os objetos descem, desaparecendo da vista; o cavalo permanece visível por mais algum tempo. A entrevista continua. A narradora escolhe a vassoura para fazer o papel do filho de cinco anos de idade, o machado para ser o professor de seu filho; uma colher de madeira para ser o seu marido. "Vamos ver!", diz o diretor. Há um momento para a música, e os fantoches encenam a história.

Surpreendentemente, não é difícil sentir-se envolvido ou até mesmo mobilizado pela interação de uma garrafa de detergente e de uma vassoura de brinquedo. Neste contexto imaginativo e ritual, podemos dotar objetos domésticos com características humanas, como fazem as crianças pequenas quando brincam. Em um espetáculo de *playback*, uma cena feita com fantoches em lugar de atores visíveis representa uma alternativa teatral. É uma oportunidade para um tipo diferente de expressão e de resposta. Qualquer coisa pode servir como fantoche. Em vez de vir munido de objetos, você pode envolver a platéia para procurar objetos pela sala — uma planta, um sapato, uma régua.

Histórias em quadros

Outro modo de interpretar uma história foi desenvolvido pela trupe do Melbourne Playback Theatre. No início do espetáculo, quando a platéia ainda está se aquecendo, alguém pode ser convidado para narrar uma história — um pouco mais extensa do que seria para uma escultura fluida — a partir de seu próprio lugar na platéia. O diretor ouve e, depois, conta a história novamente em uma série de títulos: "Vanessa está atrasada para o trabalho"; "Ela dirige muito rápido e quase sofre um acidente"; "Quando chega, o estacionamento está vazio"; "Então, ela se lembra que hoje não vai haver aula". Após cada um desses títulos, os atores criam um quadro, uma escultura inanimada, não fluida, expressando uma etapa da história — muito parecido com uma série de fotogramas como nos filmes mudos, com subtítulos falados pelo diretor. E, como no filme mudo, existe música para ajudar a evocar o clima adequado.

Haicai dinâmico

Este formato se baseia num exercício utilizado em *workshops*, criado por Jonathan. Funciona muito bem para terminar um espetáculo. Um ator fica no centro do palco. Outro fica em um dos lados. O diretor solicita às pessoas da platéia que digam os temas que elas consideram que tenham sido abordados naquela noite. "Perda." "Encontrando beleza em lugares inesperados." "Dizendo sua verdade." "Relembrando o passado." Então, o diretor vira-se para os dois atores. Ingrid, como locutora, faz uma pequena declaração baseada no que ouviu.

"Há um enorme buraco abrindo-se dentro de mim."

Lewis, o outro ator, ouve e depois molda o corpo de Ingrid de modo que expresse sua declaração. Mantendo a postura de escultura, Ingrid fala novamente.

"Eu me sentei calmamente e me lembrei."

Lewis coloca uma das mãos de Ingrid sobre o coração e estende a outra com o dedo como se estivesse apontando algo. Ela copia a expressão facial dele.

"Encontrei algo que nem estava procurando."

O escultor coloca as duas mãos da locutora juntas, como se estivessem segurando um frágil tesouro. Seu rosto aparenta prazer.

Existe uma espécie de destilação nessas palavras e imagens visuais, assim como na colaboração dos atores e sua sintonia com as palavras da platéia, que tornam esta seqüência um fechamento forte e estético para o espetáculo.

Os espectadores como atores

Em nossa companhia, e em várias outras, uma característica dos espetáculos é "levantar a platéia". Aprendemos desde o início que, enquanto as pessoas da platéia nos vêem encenar suas histórias, elas também têm vontade de ser atores. Parece muito divertido. Em virtude do desempenho simples dos atores de *playback*, com bem pouco mistério, qualquer pessoa, mesmo que não tenha experiência como ator, pode identificar-se com eles e pensar: "Eu gostaria de tentar". Assim, depois de termos feito duas cenas, a maioria dos atores deixa o palco e convidamos as pessoas da platéia para assumir seus lugares. Na cena seguinte, o diretor dá uma orientação extra para esses atores, a respeito de como encenar a história, e os atores de *playback*, que ainda estão no palco, oferecem sua ajuda. Apesar de essas cenas terem menos forma, os atores compensam com energia aquilo que falta em refinamento. A espontaneidade da platéia é rica; sua criatividade e sua expressividade foram despertadas pelas nossas.

Em um espetáculo de *playback* a que assisti da platéia, narrei uma história sobre a ida a uma elegante noite de estréia, em Londres. Eu estava vestida de maneira muito informal e, para piorar, vinha enfrentando uma repentina infecção de bexiga. Rezando para que eu não incomodasse demais meu companheiro, elegantemente vestido, de *smoking*, tomei um enorme copo de suco de laranja e três garrafas de água Perrier. Como conseqüência, tive de passar metade do concerto correndo para o banheiro, sob o olhar crítico de vários aristocratas e parlamentares.

Os atores da platéia incluíam, por coincidência, um homem inglês e sua mãe idosa. Eles conseguiram fazer um trabalho autenticamente cômico, especialmente o da velha senhora. Longe de ser uma aristocrata, ela fez com perfeição o papel de uma nobre freqüentadora de concertos. Ela utilizou um tecido de seda, que usou franzido, sugerindo um vestido caro e formal. No meio da cena, esse fantástico adereço caiu no chão, acidentalmente, deixando-a exposta, mas imperturbável. Sem perder a pose, continuou a criticar minha falta de adequação, curvando-se de maneira muito graciosa para apanhar o "vestido".

O *playback theatre* é, acima de tudo, um teatro do momento. Podemos fazer qualquer coisa que nos pareça cabível à situação. Com uma platéia de pessoas que compartilha interesses profissionais semelhantes, por exemplo, podemos convidá-la a subir ao palco não para fazer uma cena, mas para se apresentar no papel de um cliente ou de um preceptor. Também aqui, a espontaneidade provavelmente fará deste momento um dos pontos altos do espetáculo.

Alguns grupos de *playback* têm feito experiências com muitas outras variações das formas básicas. Algumas delas mostraram-se tão eficientes que acabaram se tornando componentes regulares de espetáculos dessas companhias e talvez tenham se espalhado para outros grupos também. Outras, apareceram e desapareceram, dentro do espírito da experimentação. Equipes compostas de pessoas criativas tendem a inventar formas novas o tempo todo, seja nos laboratórios dos ensaios ou no desafio de um espetáculo. O objetivo comum a todas essas formas, antigas ou novas, é transformar histórias pessoais em teatro.

Duplas

"Sentindo-se cínico, mas emocionado em um casamento Nova Era."

Os atores ficam em pé, aos pares. Uma dupla mostra os dois sentimentos do narrador usando som, movimento e palavras em uma interação física e verbal.

Então, é a vez da outra dupla.

A cena

A entrevista. A narradora escolhe um ator para representá-la.

A encenação...

O músico toca durante a cena.

*Quando a ação termina:
o reconhecimento e o
comentário da narradora.*

Uma escultura fluida

"Como foi chegar aqui hoje à noite?"
"Frustrante. Eu me perdi no escuro."

Um ator começa um som e um movimento.

Depois de alguns segundos, um outro ator junta-se a ele que acrescenta seu próprio som e movimento.

Um terceiro ator entra em cena.

Finalmente, os cinco atores fazem parte da escultura, que dura mais um momento e congela.

Uma história em quadros
em três títulos

Lucy e Brett dirigem duas horas até o restaurante favorito dele.

Quando eles chegam lá, descobrem que o restaurante fechou há um ano.

Famintos, eles vão a uma espalhafatosa lanchonete onde comem o melhor sanduíche de suas vidas.

4

COMO SER ATOR

Imagine que você seja um ator de playback theatre, *prestes a transformar a vida de alguém em uma cena de teatro. A narradora acabou de contar uma história tragicômica de um jantar em família no Dia de Ação de Graças. Ela o escolheu para desempenhar o papel da mãe dela. Você está parado no palco, ouvindo a narradora, olhando-a, esforçando-se para captar todas as nuanças, tentando lembrar-se exatamente quem foi escolhido para ser o tio* hippie *dela, perguntando-se o que você vai fazer para passar a idéia de "descer três lances de escada correndo". Então, o diretor diz: "Vamos ver!", e você tem de agir imediatamente e esperar pelo melhor. E, mais uma vez, de algum modo, funciona. As idéias aparecem, sabe-se lá de onde; seus companheiros atores parecem estar na mesma sintonia; juntos, com a ajuda da música, vocês constroem uma peça de teatro com forma e significado; então ela acaba e o narrador está suspirando e acenando com a cabeça.*

Pronto para qualquer papel

Tenho visto atores de *playback* representando uma escova de banheiro, uma criança que fica muda quando lhe convém, um cão dinamarquês indisciplinado, um bebê recém-nascido, uma mesa de café, um estranho que morre numa agência de correio, um carro de estimação, uma ave de rapina ferida. Alguns papéis desafiam artisticamente — como você representaria uma mesa de café? —, e alguns emocionalmente. Os atores de *playback* devem estar preparados para qualquer coisa.

A escolha de um ator para ser personagem de uma história é um processo intuitivo. A partir da imagem que tem do amigo, de si mesmo, ou de quem quer que esteja em sua mente, o narrador olha para os atores e sente qual deles se ajusta melhor à sua imagem interior. A similaridade não precisa se ater à aparência, à idade ou ao gênero.

Com freqüência, mulheres são escolhidas para desempenhar o papel de homens e vice-versa. O ator precisa ser capaz de entrar no papel livre de estereótipos ou de autocensura, o que nem sempre é tarefa fácil. Às vezes os narradores fazem escolhas telepáticas, quando montam o elenco de suas histórias. Sem saber, para determinado papel, escolhem um ator cujo papel faz parte de sua vida real, o que pode ser muito útil. Uma vez um narrador escolheu uma atriz que é enfermeira-chefe da unidade neonatal de um hospital para desempenhar o papel de parteira numa cena de nascimento de uma criança.

Mas, às vezes, poderão existir paralelos dolorosos entre o papel e a própria vida pessoal do ator. Eu me lembro de uma cena em que uma atriz da platéia desempenhou, corajosamente, o papel de uma mãe cujo filho havia morrido num acidente de moto, e só depois revelou que ela mesma havia perdido um filho do mesmo modo. Uma mulher, cuja infância tinha sido dominada por um pai violento, foi chamada para representar uma criança abusada. Um ator que estava com Aids foi escolhido para desempenhar o papel de alguém que morreu de Aids.

Isso é exigir demais de atores de *playback*? Acima de tudo, é importante que o trabalho seja benéfico para aqueles que o desempenham, bem como para aqueles a quem o trabalho é oferecido. Não se trata de um teatro em que o bem-estar dos atores deva ser sacrificado em função do sucesso do espetáculo.

Um ator de *playback* tem sempre a opção de dizer: "Não, sinto muito, simplesmente não posso fazer esse papel". Tenho visto isso acontecer e me lembro de uma vez, muitos anos atrás, quando precisei fazê-lo. Ainda enlutada pelo suicídio de um amigo, fui escolhida para fazer o papel de uma mulher que havia se matado da mesma maneira chocante. Isso aconteceu no começo de nossas explorações no campo do *playback*. Nunca mais precisei recusar um papel novamente, ainda que, como todos os atores, ocasionalmente eu tenha sido chamada para fazer papéis muito difíceis. O que mudou para mim — e acredito que isso acontece com a maioria das pessoas que faz *playback* por um tempo — foi que, por intermédio do próprio trabalho, meus recursos pessoais cresceram, possibilitando-me encontrar força e empatia para enfrentar qualquer papel sem riscos pessoais.

Por outro lado, os papéis podem ser difíceis apenas porque eles estão muito longe da experiência ou da personalidade do ator. Um homem tímido pode ter dificuldade para ser sensual quando um papel assim o exige. Um professor de arte pode ter de se esforçar muito para ser convincente no papel de um enérgico executivo.

Talvez o papel mais difícil de todos seja aquele que os atores tradicionais não são normalmente chamados a fazer: serem eles mesmos. Os atores de *playback* começam e terminam o espetáculo como eles mesmos. Nos intervalos entre as cenas, lá estão eles no palco: apenas Andy, Nora e Lee. Não é tão fácil ser você mesmo, por inteiro, no palco, especialmente quando você tem de permanecer naquele estado de espontaneidade ponderada e de receptividade finamente calibrada. Você não sabe quais serão as histórias; você pode ser escolhido para um papel no qual possa abrir as asas de sua atuação, ou para um outro que você considere doloroso ou frustrante; ou, então, você pode nem ser escolhido. Independentemente do que vier a acontecer, a cena estará terminada em cinco ou dez minutos e você deverá se libertar do que quer que tenha sido provocado em você e abrir-se para a próxima história.

Assim, os atores de *playback* precisam de muita flexibilidade expressiva e emocional, fundamentada em sua autoconsciência. Ninguém consegue se livrar das características de sua própria personalidade ou dos problemas de sua vida. Mas os atores que se conhecem bem podem encontrar recursos para se ajustar a qualquer papel. Eles podem aprofundar-se em uma personagem, evocando toda a intensidade requerida pela história, e depois sair dela quando a cena termina. Eles podem representar força e agilidade como um ginasta, utilizando mais a emoção e a expressividade do que os músculos.

Como eles conseguem isso? Em primeiro lugar, tenho observado que o *playback* tende a atrair como atores pessoas excepcionalmente maduras e generosas. Jonathan Fox fala sobre a força do "ator cidadão", que estuda e faz *playback* como diversão e não como carreira, cuja atuação é enriquecida pelas experiências de vida comum. Em segundo lugar, os grupos de *playback*, quando estão começando ou procurando novos membros, colocam maturidade emocional e autoconsciência nos primeiros lugares da lista de qualidades que estão buscando. E, em terceiro lugar, o próprio trabalho promove crescimento nessa direção. Você não pode passar anos ouvindo histórias e contando as suas próprias, na atmosfera gostosa do *playback theatre*, sem crescer em seu autoconhecimento, tolerância e amor.

Expressividade e espontaneidade

Os atores não apenas devem estar abertos para qualquer papel, como também precisam ser expressivos ao máximo. Eles precisam, de fato, ser personagens ou elementos da cena e encontrar ações, palavras, movimentos, sons que lhes dêem vida, tão intensamente quanto possível.

Para as pessoas que estão começando no trabalho, essa tarefa pode parecer complexa e desencorajadora. Tenho observado que os novos atores, com freqüência, são cautelosos quanto ao uso da voz e do corpo. Eles tendem a cair sempre em representações estereotipadas, simplesmente dizendo que não sabem como ser um cabeleireiro sádico ou uma doença.

Mas aprendem. Qualquer treinamento para atuar no *playback theatre* num *workshop* de um dia ou em meses de participação numa companhia oferece aos novos atores a oportunidade de explorar sua espontaneidade, em um ambiente de aceitação e continência. Todo ensaio ou *workshop* inclui jogos ou aquecimentos que o convidam a experimentar novas dimensões de expressão. E, ao descobrir uma expressividade maior e melhor, você a traz para os papéis para os quais for escolhido nas encenações.

Há um aquecimento chamado "Som e Movimento"[1]. Formamos um círculo. O líder diz: "Cada um de vocês deve emitir um som e algum tipo de movimento. Pode ser qualquer coisa, mas façam rapidamente. Depois, todos nós o repetiremos ao mesmo tempo". Uma pessoa começa. Ela ondula seus braços em torno de seu corpo e emite

---

1. Este exercício e muitas outras práticas de *playback theatre* foram inspirados no trabalho de Joseph Chaikin, do Teatro Aberto. O exercício "som e movimento", na verdade, estava mais próximo da versão mais avançada descrita. A parte "Referências e fontes", neste livro, lista várias indicações para jogos de teatro.

o som de uma sirene. Assim que ela termina, um sinal e, em uníssono, todos copiam seu som e movimento. A pessoa seguinte do círculo deve fazer o mesmo. Ele pára, desconcertado. "Não consigo pensar em nada", diz. "Não pense!", diz o líder. "Apenas deixe seu corpo fazer alguma coisa!" Ele pára novamente, depois bate seus braços como as asas de um pássaro, fazendo pequenos ruídos de piado. É muito curto e simples, mas adequado. Todos repetem. Nas próximas semanas ele estará emitindo sons e fazendo movimentos que nunca havia pensado que fizessem parte de seu repertório. Sua liberdade e sua capacidade de brincar irão aumentar e sua cautela vai diminuir.

Há incontáveis atividades que os grupos de *playback* utilizam para desenvolver a expressividade dos atores — incontáveis porque, na natureza desse trabalho espontâneo, em quase todos os ensaios, surgem novas idéias. É extremamente gratificante investir nesse caminho; ampliar os seus próprios limites do possível em termos de movimentos, interações, sons; perder o medo de parecer ridículo, substituindo-o por um grande prazer na inventividade, tanto a própria quanto a dos outros. Keith Johnstone diz em seu livro *Impro*: "É a coisa mais extraordinária em improvisação: de repente, você está em contato com pessoas que são ilimitadas, cuja imaginação parece funcionar sem fronteiras"[2].

Num outro grupo, cujos membros vêm trabalhando juntos há seis anos, o aquecimento é feito com uma versão mais avançada do "Som e Movimento". Um participante dá um passo em direção ao centro do círculo. Ele se movimenta seguindo os impulsos de seu corpo e de suas emoções; estranhos sons vocais tomam conta do espaço. Gradualmente, seus movimentos adquirem forma e ritmo e um senso crescente de raiva. Uivando, balançando seus braços e batendo os pés como um gorila enfurecido, ele faz contato visual com outra pessoa no círculo. Ela faz um espelho de suas ações. Ambos permanecem nessa dança intensa por um minuto; então, ainda em movimento, trocam de lugar. A mulher continua seu movimento, mas depois começa a deixar seu corpo se mover de acordo com seus próprios impulsos, até que o movimento e os sons sejam dela mesma.

---

2. Keith Johnstone. *Impro: improvisation and the theatre*. Nova York, Theatre Arts, 1979, p. 100.

Então, ela escolhe outra mulher para ser sua parceira. O ciclo recomeça novamente.

Quando a atividade tiver terminado, várias pessoas no grupo terão se permitido sentir e expressar emoções muito fortes. Terão ocorrido soluços, cacarejos e gritos. Anos de confiança têm permitido que este círculo seja uma arena segura para qualquer expressão. Os atores, sabiamente, deixam emergir sentimentos profundos, utilizando seus corpos sem restrição. Ninguém é constrangido pela intensidade. Ao final, respiram fundo, relaxam, jogam um braço em torno de um ombro aqui, outro ali, e estão prontos para continuar.

Zonas proibidas

Uma coisa que sempre acontece no processo — e é uma das razões pelas quais algumas pessoas preferem não se aventurar neste campo — é que a zona de ações permitidas começa a incluir algumas que, em outros contextos, pareceriam grosseiras ou malucas. Quando você baixa a guarda para a brincadeira e para a espontaneidade, você também deixa no escuro e sem parâmetros algumas energias, que muitos tentam, arduamente, manter escondidas dos outros e até de nós mesmos. Na privacidade do espaço do ensaio você se surpreenderá fazendo e dizendo coisas que poderiam perturbar seus vizinhos ou sua tia.

Existe uma relação entre confiança e construção grupal. As pessoas não arriscam sua imagem pública até que se sintam seguras umas com as outras. Na nossa companhia original, levamos vários anos até nos aproximar dessa fase. Uma vez que o conseguimos, a esfera de criatividade grupal se expandiu enormemente, assim como nossa expressividade pessoal. Alguns passam a depender dessas oportunidades para exercitar em etapas posteriores, de absurdidades e grosserias divertidas. Isso foi um antídoto curativo para as outras loucuras do mundo "real".

Todos nós somos pessoas responsáveis, totalmente capazes de nos comportar com as restrições convencionais quando necessário. Essa licenciosidade nunca aparece nos espetáculos. O fato é que esse grau de liberdade nos momentos de ensaio nos leva à liberdade de estar totalmente disponíveis e expressivos, nos limites de nossa capacidade, quando encenamos as histórias dos membros da platéia.

O senso de história do ator

Como vimos no Capítulo 2, a eficiência de uma cena de *playback* depende, em grande parte, do senso de história dos atores, aquela sensibilidade estética voltada para a forma e para a configuração arquetípica da história. E esse senso estético deve estar a serviço de uma compreensão empática, quase intuitiva, da essência da experiência do narrador. Ambos os elementos são cruciais para o sucesso de uma cena de *playback*.

Num *workshop* de treinamento em *playback*, uma mulher conta uma história a respeito de uma criança com a qual ela havia trabalhado recentemente, num hospital psiquiátrico.

A história é sobre Samuel, um garoto de 11 anos. Ele estava indo muito bem no tratamento e decidiram dar-lhe alta. O problema é que ele foi mandado para casa, onde ficaria com sua mãe. Ela é paciente terminal, sem condições para cuidar do filho adequadamente. Eles vivem num bairro muito pobre da cidade, onde existe muita droga e violência. Tanto eu quanto várias outras pessoas, no hospital, estávamos preocupados com ele, mas não havia nada que pudéssemos fazer, uma vez que havia sido decidido que ele deveria voltar para casa. Isso aconteceu por volta de três semanas atrás. A narradora faz uma pausa, cobrindo o rosto com as mãos. E então, no dia seguinte, soubemos que ele havia sido atacado por alguns garotos mais velhos, que tinham fogos de artifício para a comemoração do Dia da Independência. Eles soltaram um busca-pé no rosto dele. Samuel ficou gravemente ferido. Seu rosto está todo deformado e disseram que ele perdeu definitivamente a visão. Sinto-me impotente: qualquer coisa que pudéssemos fazer por ele não significaria nada, pois ele não estava sob nossos cuidados.

Na encenação, a maioria dos atores estava unida em sua percepção a respeito do que era essencial nessa experiência. Construíram a história em torno da tristeza da narradora por sentir-se incapaz de salvar Samuel de seu destino. Mas um dos atores, representando um dos garotos traquinas, estava atuando a partir de um outro ponto de vista. Fazendo com dificuldade um papel relativamente menor, ele iniciou uma interação com o ator que fazia o papel da narradora, cujo tema tornou-se um tipo de pressão delinqüente sobre Samuel para que ele desobedecesse sua mãe. Essa sua interpretação do sentido da história levou a cena a outros rumos quanto à integridade estética que havia sido construída até então. E isso reduziu tanto o impacto da representação para a narradora, que ela não reconheceu mais a história como sua.

Foi um momento em que uma falha na compreensão do sentido da experiência do narrador comprometeu a eficiência da encenação. É sempre possível entender a essência da história de forma errada, embora aconteça bem menos freqüentemente do que se possa pensar. Em geral, quando acontece, deve existir uma razão, algo que esteja bloqueando a sensibilidade do ator. No caso atual, o ator em questão era alguém que, em suas próprias palavras, adorava ser o centro da ação e tinha dificuldade com papéis menores. As companhias têm que lidar algumas vezes com a tarefa de ajudar os atores a encontrar a flexibilidade e a humildade de que necessitam para o trabalho do *playback*.

Às vezes os atores podem estar conectados com seus sentimentos em relação à essência da história, mas não conseguem criar um formato que lhe dê corpo (a música pode ser um aliado útil neste caso — veja o Capítulo 6).

O contorno da história às vezes é mais fraco no começo ou no final. Na ansiedade de alcançar o clímax cênico, os atores podem pular o estágio essencial, de construir a cena em função do que vem a seguir. Numa história que relatava um encontro assustador numa rua escura, os atores avançaram rapidamente para o confronto em si, o que foi muito menos dramático do que se eles tivessem, primeiramente, estabelecido um contraste com a segurança existente na casa do narrador. Os finais também podem ser difíceis. Você precisa de coragem para saber que a última palavra já foi dita, que a história já foi narrada e nada mais irá enfraquecê-la.

É preciso prática para dominar esses aspectos do *playback*. Mas à medida que vão narrando e encenando história após história, os atores desenvolvem as habilidades correspondentes para ouvir com empatia e criar formas adequadas a partir de fragmentos de vida não elaborados.

A arte, a alegria e o prazer de dar tudo de si fazem parte do conjunto de recompensas e motivações que incentivam os atores a prosseguir.

Uma vez eu vi um grupo de *playback* relativamente inexperiente conseguir chegar a um novo patamar, guiado pela generosidade. Em um ensaio, Tim parecia preocupado e triste. Convidado a contar sua história, se quisesse, ele disse que era o primeiro aniversário da morte violenta de sua irmã, e nos falou sobre sua luta entre as obrigações diárias e o desejo de se retirar em sua dor solitária. A preocupação carinhosa dos atores fez com que interpretassem sua história com um grau de graça estética, autenticidade e cautela que nunca haviam atingido antes. Ao final, a atriz que fazia o papel do narrador conseguiu se livrar do ator que representava o terrível sentimento de perda de Tim. Ela contemplou aquele espaço privado de solilóquio teatral com lágrimas nos olhos. "Eu me questiono se serei capaz de continuar." Ninguém tentou responder. Ninguém tentou aliviar a dor de Tim. Os atores deixaram que essa última frase simplesmente expressasse a angústia, insolúvel como era.

Grupo de trabalho

Muitos dos fatores que temos visto até agora, neste capítulo, representam uma parte do sucesso da cena. A expressividade e a espontaneidade dos atores possibilitaram-lhes interpretar os papéis para os quais foram escolhidos, mesmo que alguns não fossem fáceis. Eles sentiram claramente o significado da experiência de Tim e foram capazes de expressá-lo sob a forma de uma história; existiu também um outro fator importante presente — a habilidade do grupo para trabalhar co-criativamente.

Faz parte da tarefa de improvisação a coragem de agir conforme os próprios impulsos e inspirações, mesmo quando você se sente tentado a ignorá-los ou censurá-los. Mas você também deve ser responsável pelos impulsos e inspirações dos demais. Keith Johnstone descreve essa dialética em termos de ofertas, que tanto podem ser aceitas quanto rejeitadas. Quando você não tem clareza suficiente de um *script*, a cena somente acontecerá com uma série de ofertas. No *playback*, diferentemente de outras formas de improvisação, nós conhecemos, no mínimo, um esboço da história. Ainda não sabemos exatamente como ela irá acontecer, até que aconteça. Na cena mencionada, um ator, Denis, iniciou a ação dando um telefonema para Ângela (a atriz que fazia o papel do narrador): "Brrring! Brrring!".

Qualquer outra idéia que um dos demais atores pudesse ter tido, a respeito de como começar a cena, precisou encaixar-se na oferta do telefonema de Denis. Se Ângela a tivesse ignorado, a fim de iniciar de um jeito próprio, ela estaria bloqueando a oferta e o resultado não seria apenas confusão, mas, também, uma sensação de decréscimo de energia.

Cada passo adiante na cena é uma oferta, de algum tipo. E cada oferta é um teste de prontidão dos atores para iniciar e receber. Freqüentemente a oferta mais difícil de ser aceita é a frase final que normalmente precisa ser falada pelo ator que faz o papel do narrador. Você, como coadjuvante, consegue deixar que esta seja a última palavra? Você pode abrir seus ouvidos para a sutil cadência do final? Uma vez que você se acostume a ouvi-la, este momento se tornará quase inequívoco.

Voz e linguagem

As ferramentas básicas do ator tradicional — o uso da voz, do corpo, do espaço — também são importantes no *playback theatre*. Para os atores de *playback*, muitos dos quais não vêm do contexto teatral, aprender a usar a voz geralmente tem maior relação com adquirir ousadia do que técnica. A ambivalência de um ator inexperiente se revela muitas vezes pela voz quase inaudível — "eu estou aqui no palco, mas por favor não me notem".

Um exercício que ajuda as pessoas a superar esse tipo de timidez começa com todo mundo frente a frente em duas filas, com os pés encostados. A cada dupla é solicitado que inventem um diálogo com duas frases. Não há necessidade de ser profundo, nem mesmo fazer sentido. Depois, simultaneamente, todos dizem suas frases um para o outro, com calma. Damos um passo para trás e os diálogos são repetidos, desta vez um pouco mais alto. O processo continua até existirem duas filas nas extremidades do espaço, gritando suas frases, na altura máxima de suas vozes, para que sejam ouvidas apesar da cacofonia.

Nesse instante, as pessoas não estão somente gritando, mas, também, gesticulando intensamente com todo o corpo envolvido num esforço para se comunicar.

Então, o líder pede a cada dupla que grite seu diálogo, um de cada vez. Os atores ainda envolvidos pelo momento (anterior) de crescimento do grupo, sua autocrítica é desconsiderada, pelo menos temporariamente. "Diga ao seu cachorro para me deixar em paz!", berra o primeiro. "Eu queimei as batatas!", grita seu parceiro. E por aí vai.

Uma vez que as pessoas ultrapassam o medo inicial de serem ouvidas, elas estão prontas para trabalhar, projetando suas vozes e mantendo seu diálogo, podendo ser claramente entendidas por todos na platéia. Uma das razões pelas quais essas tarefas podem ser um desafio no *playback* é que, certamente, é difícil falar com segurança quando as palavras que você está dizendo são suas, inventadas no momento e não aquelas palavras cuidadosamente preparadas com a arte de um mestre da dramaturgia. E se elas soarem estúpidas? E se um de seus companheiros começar a falar ao mesmo tempo? Como todas as outras questões artísticas no *playback*, os aspectos da voz e da linguagem tornam-se, também, questão de intuição e de confiança grupal.

E o desafio estético está aí. Os atores de *playback* são desafiados a serem artistas da linguagem, para criar o diálogo que irá contar a história e para fazê-lo com o máximo de sensibilidade, consciência estética e economia possível. A linguagem raramente se estabelece por si só e, às vezes, pode ser até mesmo dispensada, quando a cena é interpretada somente por mímica ou movimento. Mas, na maioria das situações, as palavras faladas constituem parte central da encenação. A linguagem pode ser casual e natural, ou refinada, como poesia. Em esculturas fluidas e pares, palavras esparsas, cuidadosamente escolhidas, também podem ser um complemento artístico da ação, como uma linha elíptica de palavras evocativas numa gravura.

Em nossa companhia tivemos duas ou três pessoas com um talento lingüístico que, de algum modo, sempre encontravam palavras precisas, novas e ricas. Outras tinham seu ponto forte no movimento ou na imaginação para a encenação. Embora seja importante que todos tenham pelo menos um pouco dessas habilidades, a possibilidade de cada membro utilizar seus talentos especiais é um grande ganho para uma companhia.

O corpo

A habilidade física dos atores é outro aspecto importante. Os ensaios e *workshops* de *playback*, assim como os aquecimentos antes das apresentações, quase sempre começam com uma atividade física vigorosa para despertar a força do corpo, suas emoções, sua expressividade. Em nossa tarefa de assumir diferentes papéis, trabalhamos também mobilizando a enorme variedade de posturas e gestos de que dispomos. Descobrimos que, além de outras formas, as personagens podem ser sugeridas pelo corpo e pela voz. Se você assume uma postura que não é comum — por exemplo, inflando e alongando seu peito — e anda desse jeito deixando que o restante do seu corpo se alinhe do jeito que ele quiser, provavelmente você perceberá que está começando a se sentir como alguém que se movimenta desse jeito, cuja voz e cujos pensamentos podem ser bastante diferentes dos seus.

Dependendo do padrão global de seu corpo e de suas associações cinestésicas, você poderá sentir-se como um musculoso motorista de caminhão, como um amante fracassado ou como um garoto tímido de cinco anos de idade.

Como ator de *playback*, estar à vontade com o corpo significa estar pronto para tocar e ser tocado. Em esculturas fluidas, e pares, em que o sucesso estético depende do que é visível, da ligação do corpo dos atores, o contato físico dinâmico é muito importante. Em uma escultura fluida, Giny expressa o sentimento de um narrador de "estar sobrecarregado", colocando-se em cima do corpo de Nick. Paralelamente à experiência de desenhar o sentimento do narrador, existe a realidade de que este homem e esta mulher estão em contato muito íntimo. Eles têm uma consciência sensual das características do corpo de cada um, seu peso, sua forma. Eles precisam estar à vontade com isso e ser capazes de lidar com quaisquer emoções que possam ser provocadas por essa intimidade. As cenas também requerem, com freqüência, que os atores interajam fisicamente em movimentos e em diálogos — algumas vezes de forma vigorosa, outras suavemente. Lutas, transas, danças e crianças carinhosas são parte da vida. Temos de estar prontos para representar esses momentos, quando eles aparecem numa história.

Repetindo: a habilidade para trabalhar em estreito contato físico é uma função do processo grupal. Quando os atores são capazes de interagir com seus corpos, em benefício da expressividade, isto é um sinal de certo nível de confiança.

O espaço e os adereços

A arena dos atores é o palco. Freqüentemente o espaço cênico do *playback theatre* não é um palco de verdade, mas um espaço livre na parte da frente de uma sala. Devemos encontrar um modo de transformá-lo naquele espaço mágico no qual qualquer coisa pode acontecer. O ambiente visual ajuda — uma planta como enfeite, as cadeiras, caixas e instrumentos cercando um atraente espaço vazio (ver Capítulo 7).

É importante que os atores conheçam as noções básicas da força do palco para saber como o modo de utilizar o espaço influencia o impacto de suas ações. Na entrevista, o diretor deve estabelecer as delimitações necessárias: "Bem, vamos fazer o picadeiro ali", apontando para o fundo do palco, "e a ambulância aqui", indicando a frente do palco, próxima ao narrador. Mas fica muito mais a critério dos atores improvisarem o *layout* do espaço, utilizando os caixotes e os panos, coreografando, assim, suas próprias interações dentro desse palco rudimentar. Diferentemente do teatro tradicional, o lugar da ação deve levar em consideração dois pontos de vista: o do narrador e o da platéia. Por essa razão, muitas cenas começarão no lado esquerdo, no fundo do palco, aproximando-se progressivamente do narrador, tendo então o *clímax* e a conclusão localizados no lado direito na parte da frente do palco*.

Os adereços, como vimos, não são mais do que um conjunto de caixas — os tradicionais engradados plásticos de leite** ou caixas especiais feitas de madeira — e uma coleção de panos, escolhidos pelas cores e texturas. Alguns deles têm uma abertura, para a cabeça,

---

* A autora refere-se ao lado direito do palco, segundo a visão dos atores. É muito comum as companhias de *playback* situarem o narrador e o diretor do lado esquerdo do palco, do ponto de vista da platéia. (N. T.)

** A autora sempre brinca com o fato de ter encontrado engradados de leite no palco, como elementos cênicos, em muitas companhias de *playback* pelo mundo, copiando o início da companhia original, como acontece com as almofadas no psicodrama brasileiro. (N. T.)

ou duas, para os olhos. Ou, ainda, alças nas laterais, para o ator prender as mãos e poder utilizá-los como asas. A experiência tem nos mostrado, no entanto, que quanto menos estruturados forem os tecidos, mais expressivos e versáteis poderão ser. Com o envolvimento da imaginação da platéia, um pedaço de pano pode ser um convincente vestido de noiva ou uma pele de animal. E é perfeitamente possível que as caixas venham a ser televisões, bolos de aniversário ou castelos de areia.

Normalmente, os pedaços de tecido são mais utilizados como elementos que sugerem estados emocionais do que como trajes. Um dos erros a que os atores novatos estão sujeitos é usar demais esse recurso, o que acaba reduzindo-os a simples pedaços de pano, independentemente do papel que estejam representando. Um ator escolhido para ser uma mãe, por exemplo, não acrescenta nada à personagem quando amarra um pedaço de tecido em volta de sua cintura para representar um avental ou um vestígio de saia! Com freqüência, o impulso para fazer isso tem muito a ver com a insegurança do ator — perder muito tempo escolhendo adereços na construção da personagem é um modo de adiar o momento da decolagem da cena e o ator principiante sente-se mais seguro com algum traje do que sem nenhum.

Os atores mais experientes utilizam-se esporadicamente dos tecidos; em geral, para identificar estados de humor ou para concretizar um elemento na história. Um pano preto grande entrelaçado entre dois atores pode simbolizar um vínculo destrutivo familiar. Um ator, representando um personagem isolado de outras pessoas, pode cobrir sua cabeça com camadas de tecido, deixando-as cair uma a uma, como se estivesse aprendendo a se comunicar[3]. Mesmo as caixas também se prestam a alguns usos não literais — um pedestal para um médico arrogante, uma gaiola para uma criança assustada.

Arte e estilo: algumas considerações

Uma garota de dez anos de idade conta-nos sobre sua fuga de casa, quando tinha oito anos. Assistimos ao ator que faz o papel da narradora

---

3. Alguns grupos sentem que suas encenações são mais atravancadas do que enriquecidas pelo uso de tecidos e outros acessórios e os têm dispensado.

e seu amigo brincando na floresta. Ao encontrarem um velho estábulo, tentam incendiá-lo e, quando surpreendidos, convencem o proprietário de que são inocentes. Enquanto isso, do outro lado do palco, a mãe da garota está querendo saber onde está sua filha. Ela olha pela janela e, em seguida, dirige-se à porta da frente, gritando seu nome. Cada vez mais preocupada, ela chama a polícia e comunica o desaparecimento da criança. Essas duas cenas são representadas lado a lado, em contraponto, até que as crianças são encontradas pela polícia e conduzidas para casa, trazendo alívio para uma mãe irada. As duas cenas transformam-se em uma.

Esta cena utiliza uma técnica que denominamos *focus*. Os atores modularam sua ação e os diálogos, de modo que a atenção da platéia se alternava entre uma minicena e outra. Tanto o ator que fazia o papel de narrador quanto o que fazia a mãe, ou estavam pensando em voz alta ou conversando com outros personagens. Mas, de tempos em tempos, cada grupo de atores fazia uma pausa, oferecendo espaço aos outros. O efeito foi como o de utilizar um holofote ou uma câmera móvel para deslocar a atenção de uma parte da ação para outra.

Muitas cenas incluem ações que ocorrem simultaneamente em mais de um lugar. Conseguir manipular o foco deste modo pode ajudar bastante para transformá-las em ações dramáticas.

Dentro do espectro que vai do realismo à abstração, a equipe de *playback* escolhe onde localizar a encenação. O que se visa é a realidade subjetiva da experiência do narrador, e há espaço para uma grande liberdade no trato com detalhes externos. Pode-se minimizar ou exagerar algumas características da experiência original, de acordo com o significado da história (por exemplo, no Capítulo 2, na história de Elaine, o prolongamento do clímax no confronto com a nudez). Ou então, um evento pode ser traduzido para outro meio. Em um congresso de musicoterapeutas, os atores tiveram que encenar uma história sobre uma sessão de musicoterapia. Em vez de tentar recriar a própria sessão, o que seria muito difícil fazer de forma convincente diante de uma platéia de especialistas, os atores utilizaram a dança como metáfora para transmitir uma interação co-criativa entre terapeuta e cliente.

Pode ser perigoso ir muito longe na linha de uma representação abstrata. Precisamos ver uma história, acima de tudo. Se os atores se lançam na estratosfera da ação simbólica, a particularidade essencial da história do narrador pode se perder. O sentido da experiência talvez só possa ser expresso por eventos reais da história, onde ela ocorreu, quando, quem estava lá, o que fizeram e disseram.

Em geral, o que representa a história com mais intensidade é uma combinação do literal e do abstrato. Às vezes os atores são escolhidos para representar aspectos inanimados (ou não físicos) da experiência. Uma técnica baseada na idéia do coro grego, a escultura do estado de ânimo[4], utiliza dois ou três atores trabalhando em conjunto para expressar, com som e movimento, alguma dinâmica ou presença importante; isso é feito tanto ampliando a ação principal como fazendo contraste com a mesma. Permanecendo lado a lado e considerando as pistas visuais e sonoras da pessoa no centro da escultura, os atores agem como uma entidade. Como nos pares, a platéia assimila a ilusão de que a escultura do estado de ânimo, de algum modo, é parte do narrador. Em uma cena sobre a fascinação romântica secreta de um aluno por uma linda menina na aula de física, três atores posicionam-se atrás do ator que faz o papel do narrador. Ele finge estar bastante calmo, apenas reconhecendo a presença da menina. "Oi, desculpe, mas não me lembro do seu nome." Atrás dele, a escultura do estado de ânimo se contorce com atormentado desejo juvenil.

Até onde posso ir?

É difícil para um ator resistir à tentação de fazer perguntas durante a entrevista. Na maioria das vezes, você sente que não tem informação suficiente, mas você não fala nada, porque sabe o quanto seria antidramático quebrar a delicada teia de expectativas que está sendo formada. E você sabe que, a rigor, não existe "informação suficiente"; ou seja, você tem de contar com sua empatia, intuição e criatividade.

Quando você não sabe todos os detalhes, deve construí-los. Os atores, com freqüência, ficam com receio de dizer ou fazer alguma coisa errada, ofender o narrador ou ficar longe do objetivo. Mas

---

4. Isto foi chamado, originalmente, de um "lineal". Em sua forma mais desenvolvida, a escultura do estado de ânimo é um "coro".

mesmo com atores principiantes, essas coisas raramente acontecem. Por quê? Porque a generosidade básica dos atores lhes permite acessar suas intuições e, na maioria das vezes, os saltos imaginários que eles fazem são verdades para a experiência do narrador, tanto espiritual quanto literalmente, mesmo quando um detalhe particular não tiver aparecido na entrevista. É muito comum, ao final de uma cena, o narrador dizer alguma coisa tipo: "Como eles sabiam que meu professor falou sobre a Segunda Guerra Mundial o tempo todo?", ou "Sim! Estávamos plantando pepinos. Eu havia me esquecido disso".

Nas ocasiões em que um detalhe está muito errado e é importante para o narrador, ele sempre tem a chance de dizer isso ao final da cena. Mas é improvável que ele fique magoado ou ofendido, pois a intenção dos atores é, claramente, servir à sua história mais do que aos seus egos ou ao desejo de entretenimento da platéia. Em geral, o narrador fica satisfeito apenas por ter tido a chance de fazer seu comentário final, mas, de vez em quando, o diretor deve pedir aos atores que refaçam a cena, incorporando a correção feita pelo narrador.

Fazer suposições criativas para buscar a essência da cena não é o mesmo que interpretar ou analisar a história do narrador, embora a linha divisória entre as duas coisas possa ser muito tênue. O *playback* ocupa-se da enorme riqueza da história, os eventos reais e a experiência subjetiva que o narrador tem deles. Em geral, é inadequado que tanto o diretor quanto os atores explicitem que estão ligados às implicações psicológicas subjacentes. Se eles honrarem a história como ela é narrada, existirá sabedoria em sua encenação, e se o narrador estiver pronto, ele vai recebê-la.

As recompensas dos atores

Para a maioria dos atores de *playback*, seu trabalho não é nem glamouroso nem bem remunerado. Então, o que os mantém envolvidos, com freqüência durante anos? Como já mencionei, o *playback theatre* é um ambiente inerentemente educativo para todos os interessados. O treinamento e os ensaios levam a um crescimento pessoal, pois as pessoas desenvolvem a expressividade e a autoconsciência à medida que contam suas histórias, sejam elas velhas, novas, profundas, dolorosas, tolas ou triunfantes. As limitações da personalidade são suavizadas ou mesmo transcendidas, pois os atores experimentam novos caminhos ao desempenhar seus papéis nas histórias de outras pessoas. Pode ser maravilhoso acessar uma parte totalmente inesperada de si mesmo — brilhar no papel de um arrogante astro dos esportes, quando na vida real você mantém sua sexualidade em segredo.

Você adquire habilidades que pode usar em vários outros contextos. Os atores de *playback*, que também trabalham no teatro tradicional, levam uma profunda humanidade para seus papéis. Terapeutas e professores adquirem perspectivas e técnicas diretamente relevantes para seu trabalho. Escritores e artistas afiam seu senso estético e acumulam um rico material. E todos podem aplicar, na arte improvisada da comunicação, as lições de dar e receber, de oferecer em vez de bloquear.

Para os atores, ainda existe a satisfação singular de ter dado vida à história de uma pessoa, sabendo que sua criatividade foi a lapidação que liberou a beleza sutil da mesma. E isso foi feito em conjunto. Você é parte de uma equipe. Os desafios que vocês compartilham, o território não mapeado que vocês exploram juntos vinculam uns aos outros como se fossem camaradas de armas. Diferentemente dos soldados, porém, seu trabalho não é a destruição da vida, mas a sua celebração.

5

A DIREÇÃO

Nos primeiros anos, o diretor da companhia original era sempre Jonathan. Algum tempo depois de termos iniciado nossa série de espetáculos, todas as primeiras sextas-feiras de cada mês, ele precisou se ausentar. Sem problemas: decidimos que um dos atores dirigiria o espetáculo. Foi um fiasco. Eu me lembro de estar assistindo, consternada, da cadeira do músico, e tentando fazer o possível para ajudar, mas vendo atores, narradores, platéia e, mais do que todo mundo, o pobre diretor afundarem-se num pântano. Foi dessa forma que aprendemos que você precisa de uma preparação completa para assumir esse papel. Aquilo que parecia natural para Jonathan se constituía, para muitas outras pessoas, inclusive para nós, que já o havíamos visto dirigir várias vezes, um conjunto de tarefas muito especializadas e sofisticadas

A dupla metáfora do nome *conductor** aponta para dois aspectos do trabalho de dirigir. Ele se refere, num primeiro momento, ao papel do maestro de uma orquestra — dirigindo um grupo de artistas de modo que eles trabalhem juntos, para que as peças que criam coletivamente sejam organizadas e bonitas. Refere-se, por outro lado, à condução de energia entre todos os presentes. O condutor é o canal por meio do qual a platéia e os atores podem se encontrar. Mas existe ainda um terceiro aspecto do trabalho do condutor: construir a série de relacionamentos íntimos, embora efêmeros, com os narradores.

---

* O termo foi mantido no original, neste caso, para dar sentido à frase. No entanto, optamos pelo termo "diretor", na tradução, pela sua maior proximidade com a terminologia teatral. (N. T.)

Cada uma dessas três áreas — a história, a platéia e o narrador — requer um conjunto diferente de tarefas e papéis. Como diretor, você deve ser capaz de mover-se suavemente entre todos, e administrar vários deles ao mesmo tempo. Você precisará ser, provavelmente, em momentos diferentes, um mestre-de-cerimônias, um diretor, um terapeuta, um ator, um animador, um xamã, um palhaço, um diplomata. É difícil alguém ser naturalmente bom em todos os papéis de diretor. Você tem de se desenvolver, com consciência, nas áreas que podem não ser os seus pontos fortes pessoais. Um animador habilidoso talvez precise desenvolver a capacidade de ouvir como um terapeuta. Alguém que consegue elaborar uma história com a precisão de um poeta pode ter necessidade de trabalhar para ser um diplomático elemento de ligação.

Em resumo, não é surpresa que meu pobre amigo tenha levado um tombo. Mas certamente é possível crescer no papel de diretor, com treinamento e com prática.

O diretor como mestre-de-cerimônias: a atenção para a platéia

Como diretor, você controla o andamento, a seqüência e os contornos que o evento adquire como um todo. Se está se apresentando numa comunidade, você deve ter encontrado os organizadores com antecedência, com o objetivo de orientá-los e, se necessário, de esclarecê-los a respeito do *playback theater*. Uma vez iniciada a apresentação, depende de você verificar se a platéia sente-se à vontade, se os padrões mínimos de respeito e segurança estão garantidos, se os novatos entendem o que é o *playback theatre* e sabem o que deles se espera. Você precisa sentir-se à vontade, ser o centro das atenções e o pivô no qual todo espetáculo irá se basear. Como realizador, você deve tanto exercer autoridade quanto entreter. Poderão existir decisões difíceis de serem tomadas. Qual narrador você escolherá quando vários estiverem oferecendo suas histórias? Se os dois primeiros narradores fossem homens, você se esforçaria para encontrar uma mulher para contar a terceira história? Existem subgrupos na platéia que precisam ser levados em conta? Você continua pedindo "mais uma história", quando sua sensibilidade quanto ao tempo e ao drama lhe diz que é hora de acabar?

Todos esses aspectos referem-se à tarefa do diretor de dar atenção à platéia. Os problemas continuam sendo mais ou menos os mesmos quando você dirige um evento de *playback theatre* que não seja um espetáculo, por exemplo um *workshop* ou um grupo de treinamento. Você continua tendo de cuidar das necessidades do grupo todo.

Estou dirigindo um espetáculo curto, como parte de uma apresentação num congresso para profissionais da área de terapia ocupacional. Vamos, aliás, voltar a este evento algumas vezes durante este capítulo, para examinar vários aspectos do processo de direção. A platéia é pequena, cerca de 15 pessoas, e nenhuma delas havia visto antes o *playback theatre*. Como parte do aquecimento, inclusive o nosso, convidamos a platéia para formar um círculo no espaço cênico — uma área na parte da frente da sala. Fico satisfeita em observar que a maioria está usando agasalhos de ginástica ou *jeans*, muito mais propícios para a ação do que a formalidade elegante mas restritiva que normalmente se vê em congressos profissionais. Sinto que posso pedir que se movimentem. Fazemos uma rodada de "Som e Movimento". Alguns membros do grupo são expansivos e expressivos, outros, tímidos. Todos participam. Cada um de nós se apresenta, dizendo o nome e alguma coisa de que gosta. "Criancinhas", diz uma mulher. "Chocolate", diz uma outra pessoa. Percebo que eles parecem relaxados, bem-humorados. Alguns parecem ser amigos e companheiros de trabalho, outros se conheceram durante os quatro dias do congresso. A mulher que havia sido nosso contato está lá. Ela já me havia dito o quanto tinha sido desafiador e cansativo organizar o congresso.

Eles se sentam em seus lugares e começamos. Eu lhes digo, rapidamente, o que é o *playback theatre* e delineio o nosso projeto para aquela apresentação. Informo que nosso grupo tem feito esse trabalho com crianças portadoras de distúrbios, durante vários anos, e que, depois de vivenciarem o trabalho, poderão ver como utilizá-lo com seus próprios clientes.

"Este é o último dia do congresso, certo? Como foi para vocês?"

Uma de minhas tarefas como diretor, neste momento, é ajudá-los a estarem aqui por inteiro, neste tempo e lugar que estamos compartilhando, para nos tornarmos co-criadores do que quer que venhamos a construir em conjunto. Sei que ajuda muito neste processo reconhecer preocupações e inquietações do aqui-e-agora. Se eu lhes fizer perguntas sobre coisas que eles achem que desejam responder, que não sejam ameaçadoras ou obscuras, logo comunico que aqui é seguro, que podem nos confiar suas histórias.

Várias pessoas começam a responder, inclusive Carla, a organizadora do congresso. É sempre bom ter a chance de conhecer as pessoas que estão no centro de um evento. Elas são, provavelmente, bem relacionadas com muitas pessoas ali e sua participação ativa irá encorajar os outros.

"Tem sido ótimo, mas estou muito feliz por estar quase no fim", diz Carla.

"Vamos ver!"

Os atores fazem uma escultura fluida, diante da qual Carla meneia a cabeça com veemência. Agora, todos já viram o processo essencial do *playback*: traduzir a experiência em ação.

"Como foi a comida?" Risos e murmúrios.

Por que estou fazendo exatamente esta pergunta? Talvez, em parte, porque a comida já tivesse sido mencionada durante o aquecimento; e também sei, por experiência própria, que comida é freqüentemente um bom tema para a construção de um grupo. Não são pensamentos completos, apenas pontos fugazes de consciência.

Fica evidente que as refeições no hotel foram bastante desapontadoras. A platéia aplaudia os atores que, no palco, se encurvavam como se fossem vomitar.

Fazemos mais uma ou duas esculturas fluidas e, então, solicito uma história. Levo alguns minutos para aquecê-los para esta próxima fase. Enquanto falo, ando no espaço cênico, indo e voltando. Procuro atingi-los com minha voz, com meus gestos, enquanto me certifico de estar incluindo todos em meu contato visual. Sei que o que eu disser e fizer nesse momento pode ajudar — se fizer corretamente — no sentido de que o grupo confie em mim. E, ainda, catalisar aquele processo mágico que alcança a memória e a emoção, despertando as histórias.

"Qualquer coisa que tiver acontecido pode ser uma história de *playback*: algo desta manhã, do trabalho, de sua infância, um sonho; mesmo que seja alguma coisa que você esteja pensando e que ainda não aconteceu."

Uma mulher levanta a mão. "Eu me lembrei de uma boa", diz, olhando ao redor para seus amigos, como que para tomar coragem. Mas ela fica um pouco desconcertada quando percebe que deve sentar-se na cadeira do narrador, no palco. Seus amigos a incentivam para que se levante.

Sua história fala de um pesadelo repetitivo. Ela acordou hoje de manhã, no quarto do hotel, apavorada com mais uma versão do sonho. Nele, ela se dá conta de que seu filho de dez anos está desaparecido e não consegue encontrá-lo em nenhum lugar. Um pouco apreensiva, como muitos narradores principiantes, Carolina tende a provocar risos, como forma de se esconder. Compartilhando seu nervosismo, a platéia também está disposta a achar tudo engraçado. Mas não se trata de uma história engraçada, com certeza. Reconheço sua dimensão, mantendo-me séria e fazendo perguntas que conduzem ao cerne da questão.

Quero certificar-me de que a platéia está se sentindo engajada e incluída. Enquanto ela conta a história, volto-me para a platéia de vez em quando, repetindo informações-chave com a preocupação de que eu e Carolina não nos fechemos em uma pequena e exclusiva díade. Procuro meios de incluir os demais. Descobre-se que na noite anterior tinha havido uma grande festa. A narradora e sua companheira de quarto festejam até de madrugada.

"Quem mais estava na festa na noite passada?", pergunto à platéia. Abrem-se tantos sorrisos quantas mãos se levantam. Dois atores também levantam suas mãos. No carro, a caminho do congresso, eles faziam comentários sobre a agitada festa da noite anterior, à qual haviam comparecido.

Parece ser uma boa oportunidade de trazer os membros da platéia para a ação. Solicito a Carolina que escolha um de seus colegas para fazer o papel de sua companheira de quarto. Ela escolhe sua amiga Amy que, de fato, estava no mesmo quarto. Em determinado ponto da encenação, peço aos que estão na platéia que, sem sair de seus lugares, façam os papéis dos vizinhos de Carolina que haviam participado da busca, faça o que os deixa contentes. No momento adequado, um deles ajuda a levar a história adiante dizendo: "Sim. Eu vi seu filho lá".

Ao final da cena, a platéia está se acostumando com a idéia das histórias. Se tivéssemos mais tempo haveria muito mais. Mas sei que precisamos ir embora. Terminamos o espetáculo com alguns pares. A história de Carolina trouxe-nos um tema forte.

"Quem mais aqui tem filhos?" Muitas pessoas levantam as mãos, tanto na platéia quanto entre os atores.

"Vocês podem me dizer dois sentimentos que já tiveram como pais, que os levam a direções diferentes?"

Formamos pares para vivenciar a experiência de querer manter os filhos por perto e a necessidade de deixá-los ir. Para fazer o último par, trazendo nosso foco de volta para o tema do congresso, solicito dois sentimentos a respeito de ser um profissional de terapia ocupacional. Todos concordam com uma pessoa que fala sobre as satisfações do trabalho e, por outro lado, sobre estresse da vida pessoal dos horários de trabalho de fim de tarde e à noite. Há um bom fluxo de energia e de relaxamento quando todos vêem a encenação.

Nosso espetáculo combinou atuação e compartilhamento, ritual e informalidade. Agora, no final, os atores e eu nos juntamos e nos curvamos para receber os aplausos da platéia.

O diretor mais perto: dando atenção ao narrador

Ao mesmo tempo em que desenvolve sua ligação com o grupo como um todo e com os demais participantes entre si, você também está construindo um relacionamento breve, mas significativo, com o narrador. Você está na situação paradoxal de estabelecer intimidade com uma pessoa em meio a um evento público. A delicadeza dessa relação exige um conjunto diferente de habilidades.

"Eu me lembrei de uma boa."

Quando Carolina vem para contar sua história, fico atenta desde o primeiro momento, para qualquer coisa que possa ajudar a me conectar com ela. Estamos prestes a iniciar uma colaboração. Nunca nos encontramos antes. Eu preciso ganhar sua confiança, para que ela funcione. Percebo que está confiante, que talvez seja uma pessoa cuidadosa mas que ainda está nervosa por correr esse novo tipo de risco. Ela parece não estar à vontade com a proximidade física de nossas cadeiras no palco.

A maioria das pessoas acha isso um pouco constrangedor. Até então elas se relacionavam com você como ator, acostumadas a uma certa distância; agora você está tão perto que dá para contar as sardas um do outro. Tento deixá-la à vontade, mantendo meu corpo bastante contido — não me inclino em sua direção nem coloco meu braço em volta do encosto da cadeira dela, coisas que eu poderia fazer muito bem com um narrador que já conhecesse. Combino minha voz e meus gestos com os dela, bastante decidida e eficiente.

"Você é Carolina, certo?" Graças a Deus, eu me lembrei do nome dela quando nos apresentamos no início.

A história dela é forte, com o tema universal do receio de qualquer mãe a respeito da segurança de seu filho. O terror de Carolina é muito real, mesmo sendo um sonho. Ela relata mais tarde que se sente muito incomodada ao narrar e ver sua história, mas, sentada ao meu lado, ela mantém os seus sentimentos camuflados.

Não é raro um narrador ficar profundamente comovido enquanto assiste à sua história. Às vezes a própria narração é dolorosa. O diretor precisa estar preparado para oferecer ajuda e conforto, para comunicar que o contexto permite lágrimas ou raiva, que todos, a equipe de *playback* e a platéia, podem ser pacientes com um narrador que precisa de tempo para encontrar as palavras certas de algo que está lutando para vir à tona.

Um pouco depois, quando Carolina começa a contar seu sonho, eu a interrompo: "Carolina, espere um momento. Você poderia escolher um dos atores para fazer seu papel na história?".

Minha interrupção tem pelo menos duas funções.

A primeira, é que meu pedido leva sua história imediatamente para o âmbito da co-criação, comigo e com os atores. De agora em diante, à medida que continua seu relato, tanto ela quanto a platéia estarão visualizando a ação que irá acontecer dentro de um ou dois minutos. Enquanto fala, ela olha fixamente para os atores vendo seu filho, a si mesma e ao seqüestrador retratados em suas faces.

A outra, também, é lembrar que estou ali para orientar o relato de sua história. Apesar de estar em parceria artística com os outros atores, e de todos co-criarmos este evento, inclusive a platéia, é o diretor quem está com as mãos no volante, por assim dizer. Com um narrador frágil ou confuso, preciso guiar a narração da história fazendo mais perguntas. Com alguém como Carolina, aparentemente segura de si mesma e de sua história, minhas perguntas serão menos numerosas. Mas ela e a platéia sentirão minha autoridade. Qualquer pessoa se sente vulnerável ou exposta, de alguma forma, quando narra uma história pessoal numa situação pública. Ela necessita da clareza e da segurança do diretor.

Pode ser difícil para um diretor interferir na narração, mesmo que seja para conseguir maior clareza, economia, ou mesmo para colaborar. Interromper não é fácil, para muitas pessoas que estão aprendendo esse papel, especialmente aquelas que são ouvintes muito sensíveis. Nessa circunstância, você pode suavizar uma interrupção necessária com um leve toque no joelho ou no ombro do narrador e mostrar, com as suas palavras, com o seu tom de voz e como você pronuncia o nome do narrador, que você está fazendo isso com respeito e empatia.

Os atores trazem um final para a história de Carolina. O foco retorna para a narradora. Este é outro momento potencialmente vulnerável. Todos estão olhando para ver como ela reagiu à cena. Novamente, tenho de encontrar um jeito certo para oferecer segurança. Quero que ela saiba que estou lá para ajudá-la a lidar com sua resposta, qualquer que ela seja. Essa encenação foi bastante forte e eu sei que o pesadelo é muito recente. Carolina permanece totalmente contida. Apesar de sua reserva, posso senti-la tremer. Ela agradece a proposta de um novo final para a história.

E se o narrador ficar indiferente ou visivelmente desapontado? É importante para a equipe de *playback* evitar a armadilha da necessidade de alguma resposta particular do narrador. Tudo o que podemos é fazer o melhor, do nosso jeito respeitoso. O narrador não está lá para nos obsequiar com uma catarse ou com expressões de admiração. Nosso trabalho é transmitir aceitação, independentemente da reação do narrador.

Em raríssimas ocasiões encontramos um narrador cujo desejo é apenas manipular ou atrair a atenção de forma neurótica. Nesse momento, o diretor faz o que for necessário para manter a integridade do grupo de *playback*. "Sinto muito, mas nós não estamos aqui para nos fazermos de tolos, nem qualquer outra pessoa. Se você quiser nos contar uma experiência genuína, poderemos encená-la para você. Caso contrário, continuaremos com outro narrador."

Quando a cena termina, o diretor pede um comentário do narrador, pronto para ouvir tanto um sim quanto um não em resposta à questão: "A cena captou a essência de sua história?". Você não está sugerindo uma crítica, mas encorajando o narrador a se ater às partes da encenação que ressoaram de forma especial. É provável que, de alguma forma, você já saiba disso. Quando a narradora se envolve com a cena, ela se movimenta junto, literalmente, enquanto a assiste. Sua respiração muda, ela pode inclinar-se para a frente na cadeira, acenar ou rir. Um narrador que tenha ficado completamente imóvel está, provavelmente, apenas sendo educado se disser: "Sim. Foi exatamente desse jeito". Se ele disser não, o diretor deve solicitar aos atores que refaçam a cena ou parte dela. Ou para ele pode ser suficiente simplesmente dizer o que está faltando. Há ocasiões em que o narrador fica insatisfeito, independentemente do que fizermos. Nessas situações, temos de conviver com o desconforto que isso cria tanto para nós quanto para a platéia e para o narrador.

Carolina não tem correções nem sugestões a fazer. Mas sua história convida à transformação. Ela ficou muito ligada quando o novo final foi encenado. Fico feliz em ver que ela está cada vez mais à vontade na cadeira do narrador. Ao final, meu desejo é que ela possa sentir que valeu a pena correr o risco, que foi bom ter se revelado em público para poder ver sua história e, ainda, perceber que caminhou em relação à mudança. E quero que perceba que sua história também foi um presente para os outros. Agradeço-lhe por todos.

Carolina volta ao seu lugar, diz algumas palavras para Amy e ambas voltam a integrar a platéia.

O diretor no papel de "diretor de teatro": atenção à história

Uma pessoa que vai para a cadeira do narrador tem alguma coisa em mente: uma lembrança, um sonho, talvez uma série de fatos relacionados. O trabalho do diretor é o de descobrir o que é, deslocar a história de seu lugar na memória do narrador para o âmbito público e dar-lhe forma antes de entregá-la aos atores, para que se torne um artefato vivo, que os outros possam ver, entender, lembrar e ser transformados por ela.

O diretor tem sempre um papel ativo ao despertar a história, mesmo no caso de narradores que já estejam prontos para ir diretamente a ela. Como vimos no caso de Carolina, no momento em que formula uma pergunta você passa a mensagem de que se trata de uma co-criação e não de um recital solo. O narrador se transforma numa parte de uma co-laboração, que inclui você, os atores e o músico.

As perguntas do diretor estruturam a narração da história de tal forma que a informação essencial seja revelada tão economicamente quanto possível. Precisamos saber as coisas bem básicas: onde o fato ocorreu, quando, quem estava lá, o que aconteceu. Para alguns narradores isso é óbvio demais; para outros, é parte de um processo de transformar em foco uma experiência difusa.

"Eu sempre sinto como se estivesse um pouco por fora da ação, uma espécie de espectador. Acho que tenho me sentido assim desde criança."

"Conte-nos sobre uma ocasião específica em que você se sentiu assim. Onde você estava?"

"Deixe-me ver... acho que na semana passada, na festa de aposentadoria de meu tio."

Já temos o núcleo da história. O diretor pode descobrir o que aconteceu na festa do tio Nei e a encenação desse momento ecoará todas as outras vezes que o narrador se sentiu dessa forma.

Os atores precisam ouvir os detalhes para saber o que fazer quando a cena começar. E a própria história precisa dessas características concretas, para corporificar seu significado de forma coerente. Sem as informações básicas sobre o ocorrido, quando, onde e com quem, a história perde seu rumo, tornando-se confusa e abstrata.

Assim, uma das primeiras perguntas do diretor deve ser: "Onde acontece esta história?", logo seguida por uma pergunta do tipo "Quando?". Por exemplo, "Qual era a sua idade?". Ao mesmo tempo, o diretor estende a entrevista para fora, pedindo ao narrador que escolha os atores para os papéis-chave que vão aparecendo. Às vezes, o narrador se mostra surpreso nesse momento. Ele havia esquecido os atores. Mas, a partir desse instante, ele e a platéia estarão antecipando a ação que, em breve, acontecerá à sua frente.

Assim como as perguntas do diretor ajudam a fundamentar a história no tempo e no espaço, elas também favorecem o aparecimento do próprio senso de história do narrador. O diretor pode perguntar: "Qual seria o título de sua história?", ou: "Como termina essa história?". Até esse instante, é muito provável que o narrador não tivesse pensado em sua experiência nesses termos. Mas quando é convidado a fazer isso, de repente, ele vê como essa parte de sua vida realmente tem forma, começo, fim e significado. Sua criatividade pode ser despertada por uma pergunta dirigida à sua imaginação: "Sabemos que, na realidade, você não estava lá naquele momento, mas o que você imagina que o dr. Fusco fez quando leu sua carta?".

Assim que o narrador escolhe um ator para determinado papel, o diretor normalmente lhe pede que diga uma palavra que descreva essa pessoa — não com relação à aparência, mas a uma qualidade interior. Isto é muito importante para compor as outras personagens, além do narrador, porque a história não irá revelar, necessariamente, muitas informações sobre papéis coadjuvantes. Essa "uma palavra" do narrador — freqüentemente duas ou três — ajuda o ator a compreender melhor o papel e acrescenta autenticidade à cena. Às vezes, a palavra do narrador é surpreendente, dando um rumo inesperado à história. Uma mulher escolheu alguém para fazer o papel de sua mãe, que tinha vindo para ficar com ela após uma tragédia familiar. Suas palavras para descrever sua mãe foram "fria", "distante". O ator, sem essa informação, provavelmente teria representado uma mãe com afetos e preocupações maternais convencionais. Saber como era a mãe fez com que todos entendessem melhor a narradora e o aspecto comovente de sua experiência.

Às vezes, a palavra do narrador para uma personagem — ou para si mesmo — proporciona um atalho que leva diretamente ao núcleo da história.

"Uma palavra a meu respeito na história? Oh! Eu estava chocada!"
"Você estava chocada com o quê?"

Assim que a história emerge, o diretor começa a pesquisar as dimensões de seu significado. Algumas vezes são bastante claras, outras mais ocultas. O diretor pode precisar seguir sua própria curiosidade, ser um "inquiridor ingênuo", como Mary Good, diretora australiana de *playback*, descreve esta faceta do papel de diretor[1]. O que estamos procurando é algum contraste, alguma tensão entre os elementos, que tenham tornado essa experiência relevante para a narradora; talvez alguém com quem ela tenha aprendido.

Um garoto contou-nos a história de sua festa de aniversário e o modo como seu pai tinha ido a ela. Simplesmente parecia ser um

---

1. Mary Good. The playback conductor: or how many arrows do I need? (artigo inédito, 1986).

momento feliz do qual ele estava se lembrando. Perguntei-lhe sobre outros aniversários. Era o único aniversário no qual tinha visto seu pai. Aí é que estava a necessidade da história, o motivo pelo qual havia sido narrada.

Por outro lado, o diretor também deve reconhecer quando uma história, por mais simples que seja, está completa na forma como foi narrada. Nem sempre é necessário procurar maior intensidade, como fez um diretor desnorteado que acabou adicionando uma série de detalhes "psicológicos" a uma história que era uma pequena pérola.

A essência da história nos dá o núcleo em torno do qual sua forma é construída. Ela funciona como um princípio organizador que pode trazer não somente coerência como também grande profundidade para a cena. O senso de história do diretor vai ser um dos fatores mais importantes do sucesso da cena — sucesso tanto em termos de arte quanto da verdade humana, que são inseparáveis neste trabalho.

É claro que não depende simplesmente do diretor. Os atores também estão ouvindo atentamente. Você sabe que eles irão enriquecer a cena com suas inspirações empáticas e artísticas, especialmente quando se tratar de uma equipe treinada. Confiando nisso, você pode deixar bastante espaço para que eles mesmos escolham quem e o que retratar. Às vezes, alguns diretores permitem que os atores decidam os papéis que irão representar, em vez de pedir que o narrador escolha. Mas se, por um lado, os atores ganham em liberdade artística, por outro, perdem a riqueza do processo de escolhas intuitivas feitas pelo narrador. Uma solução criativa para essa questão é deixar o narrador escolher os atores para dois ou três papéis principais. Depois, os outros atores podem complementar a cena com papéis que lhes sejam sugeridos por sua própria compreensão do significado da história.

Como artistas de teatro, a equipe vai procurar todos os elementos que possam realçar o impacto dramático da história. Freqüentemente, isso resulta da inserção de algum tipo de preâmbulo ou de contraste para a ação principal. Em uma história, cujo tema era uma mulher em viagem de negócios, conversando numa ligação interurbana com o marido e sendo distraída pela transa barulhenta de um casal no quarto ao lado, o diretor montou a cena com três locações simultâneas: o quarto de hotel da narradora, o quarto ao lado dos amantes e o quarto de sua casa, com o marido confortavelmente cercado por seus animais domésticos. A cena foi rica, com ressonância e contraste entre esses três lugares. Vimos a sensualidade dos amantes, a sensualidade diferente do marido com os gatos e cachorros brincando ao seu redor, a solidão da narradora e a insinuação de seu desejo sexual.

A consciência de ambas as opções — a do significado e a do teatro — é o que vai determinar que papéis antropomórficos vão fazer parte da cena. Um objeto ou animal que tenha importância central para a história pode, por exemplo, ser representado por um ator. A decisão a esse respeito pode ser tanto do diretor quanto uma iniciativa do próprio ator. Em uma cena em que um homem tinha que abandonar um velho Chevy azul que dirigia desde quando era estudante, um ator faz o papel do carro, dando-lhe vida e utilizando-se até de diálogos. Se a história fosse uma viagem em que o veículo não fosse o foco da experiência do narrador, não precisaríamos de um ator para o papel.

Quanto o diretor deve dirigir os atores? O menos possível, dependendo de quão experientes eles forem. A transmissão da história para os atores é um momento ritual, uma decolagem dramática rumo ao próximo passo. Nessa transição, o diretor deve recapitular os elementos-chave da história: "Veremos Mário decidindo deixar sua casa, depois sua solidão como imigrante e, então, o momento no parque, quando ele ouve a melodia de sua infância". Se os atores forem novos em *playback theatre*, ou se não se conhecerem há muito tempo, é provável que precisem deste lembrete — ou mais — sobre o conteúdo e a seqüência da história e também de algumas sugestões para a montagem. Mesmo com atores inexperientes, contudo, o diretor precisa ter cuidado para não contar toda a história novamente, de forma tão completa que não deixe nada para os atores acrescentarem. O diretor, os atores e os músicos são parceiros na construção da cena. Jates Lucila, diretor e professor de *playback theatre*, diz que "todos são responsáveis por toda a história".

Com uma equipe mais experiente, em vez de mencionar detalhes você pode dizer alguma coisa como: "Esta história mostra um círculo entre o passado e o presente. Vamos ver!". Ou apenas: "Esta é a história de Mário. Vejamos!". Como diretor, você avalia quanto de apoio os atores precisam. Acima de tudo, o mais importante é permitir que todos sintam a completitude do momento à sua maneira e com a sua linguagem, a linguagem deliberada, simples e evocativa de um contador de histórias.

Juntando tudo

Carolina começa a contar sua história antes de sentar-se na cadeira do narrador.

"É sobre um pesadelo recorrente que tenho. Eu o tive novamente hoje de manhã."

Eu a acalmo um pouco, solicitando que selecione os papéis à medida que vão aparecendo, guiando a narração da história para que os detalhes essenciais possam aparecer, tanto quanto possível, em poucas palavras, para que não sejamos inundados com informação excessiva e que não reste nada para os atores fazerem.

No sonho, Carolina está num estranho túnel circular, como se fosse uma estação de metrô. Ela tem a expectativa de encontrar seu filho. Ele não está ali e ela não consegue encontrá-lo onde quer que o procure.

"Do que você tem mais medo?"

"De nunca mais vê-lo novamente."

Eu lhe faço uma pergunta a partir de minha própria curiosidade: "No sonho, o que você imagina que Ryan esteja sentindo?". Carolina parece não me entender muito bem. Então, dou-lhe algumas alternativas.

"Eu explico: você acha que foi por distração, ele fugiu de propósito ou também está com medo?"

"Ele está aterrorizado, assim como eu!"

Isto nos ajuda a prosseguir na história. Fica evidente que Carolina, de alguma forma, sabe que Ryan havia sido seqüestrado. O seqüestrador não aparece no sonho, de fato, mas sei que precisamos dele no palco.

"Escolha alguém para ser o seqüestrador. É um homem ou uma mulher? Como é esta pessoa?"

Carolina não havia pensado nisso antes, mas quando pergunto, a personagem está vívida em sua imaginação.

"É um homem. Ele é cruel, simplesmente horrível. Ele não está nem aí, se Ryan está amedrontado ou não!"

A história vai tomando forma em minha mente. Carolina contou o suficiente. Olho para os atores. Eles estão contando comigo para recapitular a história e fazer algumas sugestões sobre a representação. Mas eu sei que não preciso dizer muita coisa.

"Começaremos aqui no hotel, no quarto de Carolina", eu digo. Sei, por minha experiência, que, se começarmos pela realidade, isso ajudará os atores, a platéia e a narradora a se aproximarem do sonho. E terminar do mesmo modo não só proporcionará uma unidade artística como ajudará Carolina a voltar para o "aqui-e-agora" de maneira confortável e segura.

Recapitulo rapidamente os elementos da história. Viro-me para Carolina e digo: "Por enquanto, nossa tarefa terminou, Carolina". Olho para a platéia e digo: "Vamos ver!".

Neste momento, a ação é entregue aos atores. Nem sempre é fácil fazer isso, abrindo mão da posição de controle até que a encenação esteja terminada. Agora o diretor deve estar apenas receptivo, presente ao lado da narradora, quaisquer que sejam suas necessidades e reações durante a cena. Em geral, o diretor não intervém numa encenação, mesmo quando sente que os atores estão fazendo tudo errado e o narrador reclame ou queira acrescentar novas informações. Haverá sempre uma oportunidade para comentários ou mudanças quando a cena terminar.

Desta vez, porém, os atores fazem um trabalho maravilhoso. Podemos ver os "boas-noites" descontraídos no quarto do hotel, os comentários cansados, mas felizes, sobre a noitada. Então, enquanto um tambor rufa suavemente, o ator que faz o papel da narradora levanta-se de sua cama. Ela está sonhando. Chama o filho. Do outro lado do palco, o seqüestrador aproxima-se do garoto.

"Venha cá, Ryan, venha comigo!" O ator que faz o papel de Ryan resiste. O seqüestrador torna-se mais ameaçador. "Venha comigo. Sua mãe não irá se importar. Ela não o ama, mesmo!" Ele agarra Ryan e o puxa insistentemente. A mãe continua a chamá-lo. Sua angústia aumenta à medida que o procura em vão. Sua voz vai aumentando, num crescente de pânico, até que, finalmente, ela acorda em sua cama no hotel. Sua companheira de quarto tenta tranqüilizá-la.

"Meu Deus, que sonho!", diz o ator que faz o papel da narradora. "Por que estou sonhando isso de novo?" Ela salta da cama. "Amy, eu volto já, já. Tenho que ligar para ele."

Ao meu lado, a narradora reage surpresa. "Foi exatamente o que fiz", sussurra, apesar de esse detalhe não ter aparecido na entrevista.

A cena termina. Pergunto a Carolina se a cena ficou parecida com a sua história. "Com certeza!", ela diz . Coloca a mão no coração: "Puxa!".

Parece-me que esta cena pede uma transformação. Se estivéssemos fazendo um espetáculo normal, com tempo normal, eu poderia deixar que as histórias subseqüentes dessem uma resposta a qualquer coisa que tivesse ficado sem solução. Mas, neste espetáculo, só existia tempo para uma história.

"No *playback theatre* podemos modificar o jeito como as coisas aconteceram", digo. "Existe algum outro final que você gostaria de ver para essa história?"

Sem hesitar, Carolina diz: "Sim, eu gostaria de encontrá-lo a salvo".

Às vezes os narradores não querem mudar a história, mesmo em se tratando de experiências aparentemente traumáticas ou inacabadas. Algumas vezes eles não conseguem pensar em um cenário alternativo. Não costumamos oferecer uma transformação nossa, nem a solicitamos para a platéia. Ela deve surgir da própria espontaneidade do narrador. Quando acontece, tende a ser uma experiência reparatória intensa, não só para o narrador como para todos os participantes. O que queremos não é simplesmente um "final feliz" : é a força criativa primária do indivíduo para ser autor de sua própria experiência.

Carolina nos diz como gostaria que fosse o sonho. Não haverá nenhum seqüestrador. Ryan simplesmente perdeu um pouco a noção do tempo porque estava se divertindo muito com seu amigo.

A cena é refeita, desta vez com a platéia fazendo o papel de vizinhos que ajudam Carolina em sua busca. Finalmente, ela volta a se encontrar com seu filho. Está aliviada, consciente da importância que seu filho tem para ela — e também aborrecida. Mas eles se abraçam e, novamente, a cena chega a um final.

Carolina mostra-se grata por esta nova versão de sua experiência. Mais uma vez está surpresa, devido a um detalhe: "Como é que eles sabiam que Ryan constrói castelos no ar o tempo todo?". É uma das vantagens de se ter pessoas comuns como atores, pessoas que podem ser pais, que compartilham muitos dramas pessoais que os narradores contam.

Atender a todas as vertentes do papel de diretor e fluir por elas naturalmente, durante o espetáculo, requer tempo e prática. Quando ensinamos a dirigir, encorajamos as pessoas a privilegiarem os aspectos que lhes ocorrem mais facilmente — em geral, as relações do narrador com a história — em vez de tentar controlar tudo ao mesmo tempo. Quaisquer que sejam suas potencialidades e os desafios particulares que tenha que enfrentar como diretor, você certamente será recompensado pela consciência de que sua habilidade ajudou seus companheiros atores, narradores e platéia a encontrar a experiência satisfatória que buscam no *playback theatre*.

6

A MÚSICA

Vejamos outra cena, desta vez prestando atenção especial à música[1].

Esta é uma espécie de história de viagens. Realmente adoro viajar. Meu marido e eu viajávamos bastante antes de nossa filha nascer. E aonde quer que fôssemos, eu desejava ficar para sempre. Irlanda, Novo México, Londres — todos pareciam ser os mais belos locais para viver, enquanto eu estava lá. Agora, estamos nos preparando para ir para Vancouver, e Avery está preocupado com o fato de que, de novo, eu volte a ter vontade de me mudar. Mas, recentemente, percebi que agora me sinto diferente. Estou muito feliz aqui. Amo minha casa, minha família e meu trabalho. Acho que, finalmente, posso curtir outros lugares sem me sentir tentada a me desenraizar.

Enquanto os atores lentamente se preparam e arrumam o palco, o músico toca frases musicais curtas na flauta doce. A melodia, em uma terceira menor, sugere um sentimento de saudade.

Os atores estão a postos. A música pára. Helena e Avery começam a andar pelo palco como num redemoinho, parando para dançar com o ator que está fazendo o papel de Irlanda e, depois, com alguém vestindo roupas vistosas do gênero do americano do Sudoeste. O músico está no teclado, tocando uma valsa alegre, reminiscência da melodia da flauta, mas em escala maior. A cada momento, na hora de partir, Helena resiste.

---

1. Este capítulo é baseado no meu artigo "Music in playback theatre" (Música no teatro de *playback*), publicado em *The Arts in Psychotherapy*, 19 (1992). A terminologia musical aqui utilizada irá adicionar sentido para alguns leitores, mas não é essencial para a compreensão do que estou dizendo quanto ao uso da música.

"Vamos nos mudar para Dublin, Avery!" ela diz. "Poderíamos viver em uma dessas casinhas pitorescas e ir ao bar todas as noites." Avery obriga-a a sair. Ao prosseguirem a viagem, a música do teclado torna-se mais lenta, voltando para um tom menor. Helena lança um olhar saudoso a cada local que eles deixam para trás. Termina a primeira parte da cena. Marcando a transição para a segunda parte, o músico toca novamente uma variação do primeiro tema na flauta doce. Agora Helena está em sua casa, preparando-se para ir a Vancouver. Ela olha em volta. O músico toca acordes sustenidos suaves no teclado. As harmonias abertas permanecem no registro grave. "Adeus, casa!", diz Helena. "Eu voltarei. Vou sentir saudades." Ela junta-se a Avery e eles saem dançando alegremente, desta vez livres dos costumeiros conflitos. Continuando com os mesmos acordes, o músico introduz um ritmo suave. Sobre o ritmo, ele canta: "Eu voltarei para casa...".

A música no teatro

A música tem um poder singular de expressar nossa experiência emocional. Algumas poucas notas musicais podem, às vezes, tocar nossos corações mais profunda e rapidamente do que quaisquer palavras. Como nosso próprio mundo interno, a música é composta de variações, padrões caleidoscópicos e transformações que têm uma direção e uma lógica que reconhecemos, mesmo se não pudermos articulá-la.

É essa conexão fundamental entre a música e a emoção que convida à utilização da música no teatro. Como todo diretor de cinema e de teatro sabe, a música pode evocar estados emocionais ou intensificar as ações dramáticas com grande eficácia. A menos que seja usada de modo muito previsível ou de alguma forma desagradável, é muito provável que sejamos envolvidos por ela e que fiquemos motivados para a ação.

No *playback theatre*, em que as realidades emocionais subjetivas ocupam o centro do palco, a música tem um papel particularmente importante a desempenhar[2]. Ela tem o poder de criar uma atmosfera,

---

2. Apesar do valor da música no *playback*, é possível trabalhar de forma eficaz sem música, se necessário, especialmente em espaços não adequados para performances.

delinear a cena e, acima de tudo, transmitir o desenvolvimento emocional da história. O músico é um participante essencial da tarefa básica de uma equipe de *playback*, que é a de construir um fragmento de teatro que valorize a experiência da vida real de alguém. Aqui a música tem desafios, regras e técnicas próprias, diferentes das do teatro escrito e de outras modalidades de espetáculos musicais. Assim como a interpretação dos atores, a música é uma oferenda para o narrador e para a platéia e não um veículo para a virtuosidade. Se você é o músico, ao final de uma apresentação poderá se sentir frustrado porque poucas pessoas da platéia realmente prestaram atenção à sua atuação criativa e sensível. Sua satisfação deverá vir da consciência de que o poder da música é tal que ela funciona, seja ou não percebida. Sua música é um elemento constante ao longo do espetáculo, dando suporte, acentuando as linhas e enriquecendo os acontecimentos.

A música no início do espetáculo

A música tem um papel especial no que diz respeito ao ritual e ao cerimonial do espetáculo de *playback*, além de sua expressiva função durante as cenas propriamente ditas. Provavelmente, a música fará parte da abertura do espetáculo, focando a atenção da platéia e anunciando que estamos entrando em um reino diferente da vida do dia-a-dia. O músico pode tocar um breve solo instrumental ou, talvez, produzir uma improvisação musical com os atores cantando ou tocando instrumentos de percussão. O diretor e o músico devem alternar palavras e música numa chamada inicial da platéia.

No momento de partir para a ação, que começa com algumas esculturas fluidas, o propósito da música desloca-se um pouco, passando do estilo cerimonial para o expressivo. Agora a música está presente para realçar o impacto dramático das esculturas fluidas. Assim como a ação de cada ator, que acrescenta algo, a música vai influenciar a evolução da escultura. Se você é o músico, terá que reagir ao que vê e os atores vão reagindo ao que estão ouvindo de você. Na hora de terminar, a música pode ajudá-los a finalizar a ação de modo satisfatório, com uma boa coordenação dramática; talvez com um acorde sustentado ou o tilintar tranqüilo de um sino tibetano.

A música nas cenas: a montagem

Assim que a entrevista entre o diretor e o narrador tiver terminado, assinalada pelo "Vamos ver!" do diretor, o músico começará a tocar, enquanto os atores, silenciosamente, preparam o palco. Esta música inicial deve ter um tom neutro ou deve dar uma pista do que está para acontecer, estabelecendo uma atmosfera específica — ameaçadora, lírica, cômica etc. Em uma cena na qual o narrador, quando criança, ficou chocado ao presenciar sua irmã tendo uma crise, a música começou com uma nota alta e longa e no violino. Finalmente, o som desliza até chegar a uma dissonância tocada sem o calor do *vibrato*. A sensação alarmante dessa música, com efeito de pesadelo, retorna no clímax da cena, quando vemos o ator que fazia o papel do narrador reagindo com horror ao acesso da irmã.

Uma das coisas mais importantes que acontecem durante a montagem da cena é a transição do diálogo aqui-e-agora entre narrador e diretor para o teatro. A música ajuda a criar um tipo de transe na platéia. Os espectadores são levados para um espaço onde podem entrar plenamente no mundo que os atores estão prestes a fazer aparecer no palco.

"Vamos a mais uma história." Um homem vem para o palco. Ele relata que, há dois anos, recebeu um diagnóstico de Aids. Um ano depois, seu amante ficou doente. O narrador vive a doença e a morte do amante. A platéia está em silêncio, profundamente mobilizada pela história desse homem e por sua coragem de contá-la em público. "Vamos ver!", diz o diretor. Enquanto os atores começam a se mover para suas posições, o músico toca um grande gongo. O som é alto, ressonante, chocante, inflexível.

Para os atores, a música durante a montagem da cena tem um sentido prático: ela termina quando você, como músico, vê que todos estão posicionados e prontos para começar. É uma pista útil para qualquer ator que não possa ver o palco todo. E ela permite que a encenação comece com intensidade. Em um dado momento todos estão parados e em silêncio; no momento seguinte a ação terá começado.

Em apresentações nas quais os atores combinam a cena antes de começarem, a música durante a montagem pode ser ouvida de modo diferente. Fiquei perplexa ao ouvir alguns músicos de *playback* da Austrália contando sobre sua frustração em não estarem sendo ouvidos pela platéia. Enquanto falavam, percebi que estavam se referindo a uma situação que eu nunca havia experimentado antes, mesmo tendo tocado música para *playback* por muitos anos. Nos espetáculos de suas trupes, a entrevista era seguida por uma pequena "conferência secreta" dos atores. Para os músicos, este era um momento em que eles podiam tocar sem ter de vincular a música à ação que acontecia no palco — um momento em que podiam dar asas à sua criação musical. Mas, o que tendia a acontecer era que as pessoas da platéia, inspiradas pelos atores que cochichavam no fundo do palco, também ficavam conversando, não apenas ignorando, mas quase afogando o pobre músico. Quando os atores estavam prontos para começar, a platéia voltava a ficar atenta e em silêncio.

Em contrapartida, quando os atores fazem a montagem silenciosamente, sem combinar, a platéia é capturada pelo tenso mistério daquele momento. Os espectadores já ficam envolvidos. É um momento em que, como a atenção da platéia está focada, a música pode ser muito mais sutil e discreta em lugar de uma abertura improvisada de efeito.

Durante a encenação

Uma vez iniciada a cena, você escolhe os elementos que devem ser focalizados, quando tocar, que instrumentos usar etc. Você pode decidir utilizar a música para intensificar a experiência do narrador, como por exemplo: tocando frases rápidas e caóticas enquanto o ator que faz o papel do narrador corre freneticamente de uma obrigação para outra. Por outro lado, às vezes você pode tocar uma música que expresse uma dimensão que não está sendo representada. Talvez o narrador tenha feito alusão a determinado sentimento subjacente e o ator, no papel do narrador, esteja atuando mais do modo como ele diz ter se comportado do que como ele poderia estar se sentindo. Na conclusão de uma cena em que alguém foi severamente punido em um acampamento de escoteiros, a música expressou os sentimentos de dor e humilhação de Carlinhos, contrastando com a bravata para salvar as aparências, retratada pelo ator que fez o papel do narrador.

Neste caso, a música também retomou uma realidade emocional que o ator havia expressado em um momento anterior na cena. O tema musical foi um refrão, relembrando um elemento que já havíamos visto. Além de intensificar a atmosfera, esse tipo de repetição também fortalece a unidade estética da cena.

Com uma variação ou intensificação daquilo que você está tocando, a música pode ser usada para ajudar a encaminhar a cena em direção ao clímax. Uma simples parada pode ser surpreendentemente forte. Quase invariavelmente, os atores respondem ao silêncio repentino direcionando a cena para o que for necessário acontecer em seguida. Tornar a música mais lenta, tocar cadências finais ou recapitular um tema podem ajudar a coordenar uma finalização.

Scott contou uma história sobre seu relacionamento com seu pai alcoólatra ao longo da vida. O diretor decidiu encenar a história em três partes cronológicas. Sem o auxílio de um *script* ou de uma cortina para trás da qual pudessem se retirar, os atores começaram e terminaram as três minicenas com o auxílio da música. Entre cada cena, o músico tocou acordes de sétima maior no violão, articulando-os diferentemente a cada tempo, mas retornando sempre ao mesmo instrumento e ao acorde progressivo. A música enquadrou e ligou as pequenas cenas dando continuidade e estrutura para a encenação como um todo.

Muitas vezes é apropriado encenar em etapas, como nesta história. A narrativa de Helena, no início deste capítulo, foi outra. A música pode ser um meio econômico e estético de monitorar a encenação de forma graciosa. Além de dar suporte aos atores, a música transicional comunica à platéia que uma parte da cena terminou e que a próxima está prestes a começar.

Em cenas de transformação, o desafio para o músico, assim como para os atores, é fazer a cena reparatória tão forte quanto a original. Tanto para os atores quanto para o músico, normalmente é mais fácil representar com grande impacto uma cena infeliz do que ser intensamente dramático em um "final feliz". Um modo de adicionar novidade e efeito a esse momento é mudar de instrumentos.

Às vezes, o instrumento mais eficaz do músico é a voz. Mesmo que você não seja um cantor experiente, a voz tem uma proximidade e um sentimento únicos para o ouvinte. Quando se acrescentam palavras, o impacto pode ser ainda mais forte — se as palavras forem bem escolhidas. É uma tarefa delicada e complexa. Você está compondo uma canção ao vivo, tendo em mente as necessidades do narrador, dos atores e dos aspectos teatrais da cena. Você precisa destilar a linguagem como um poeta, para não se tornar banal ou óbvio. Essas frases, em geral, funcionarão melhor se forem extremamente simples; talvez, apenas a repetição de um refrão ou de um nome.

Quanta música é necessária? Isso pode variar bastante. Com certeza, ela não precisa ser constante e terá mais efeito se for ouvida em momentos cuidadosamente selecionados. Assim como os atores, você utiliza seu senso artístico de tempo, andamento, silêncio.

Em uma cena sobre um quase-acidente numa estrada, a encenação começa sem música. Depois, enquanto a narradora desvia-se, por milímetros, de um carro em velocidade que vinha diretamente em sua direção, há o rufar de tambores, seguido de um ritmo semelhante ao de um intenso batimento cardíaco da narradora, à medida que ela se dá conta de quão perto esteve da morte.

O músico de *playback* não é do ramo dos efeitos sonoros. Na maior parte do tempo, de um modo ou de outro, a música expressa a dimensão emocional. Em cenas que parecem ser superficiais ou anedóticas, pode ser difícil ter idéias sobre o que tocar, e você poderia optar por contribuir com alguns sons, ao invés de não tocar nada. Se, porém, você ficar inspirado mesmo em uma situação aparentemente tão árida, poderá descobrir-se tocando algo que influencia a dinâmica de todo o espetáculo e que é um convite para um nível mais profundo de narrativas.

Trabalhando com os atores

Como músico você também é parte integrante da equipe de *playback* e, como já vimos, precisa ser um contador de histórias como qualquer outro. Todas as possibilidades musicais que mencionei até agora dependem de seu senso de história e de seu inter-relacionamento com os atores. A música é muito mais que um acompanhamento. Quando a colaboração está integrada, a música transforma-se em mais um ator no palco, fazendo parte da troca de deixas com todos, cada um incrementando a capacidade do outro de tornar a história mais viva, verdadeira e artística.

Você precisa ser sensível à necessidade de o diálogo ser ouvido com clareza, tocando suavemente ou em contraponto com as frases faladas, para não encobrir as palavras dos atores — exceto nas ocasiões em que abafar o diálogo possa realmente intensificar o drama. Nos momentos adequados, um aumento no volume da música pode estimular os atores a também intensificarem a voz, transmitindo o conflito ou a excitação, mesmo que as próprias palavras se tornem indistinguíveis. Em uma história inesquecível, que relatava uma tentativa frustrada de fugir do regime comunista da Romênia, o clímax acontece quando o narrador e seus dois amigos são capturados pela polícia. Transpondo os gritos de raiva, terror e desespero, o músico toca no tamborim um crescendo frenético e agressivo. A música, abafando os gritos dos atores, proporciona uma analogia com o tema de repressão e desespero.

Esse tipo de co-criatividade depende da saudável confiança e respeito mútuos, sem os quais os atores e o músico poderiam se sentir mais competitivos do que cooperativos. Os músicos que mencionei anteriormente — os que ficavam frustrados durante a montagem — disseram também que, algumas vezes, tiveram que se esforçar para encontrar um lugar para a música durante as encenações. Tenho experienciado essa falta de visão compartilhada ao fazer a música com um grupo recém-formado ou com pessoas que se reuniram apenas para um *workshop*. É uma questão de saber o que poderia estar em sinergia entre vocês e ter tempo e comprometimento para chegar lá.

O trabalho em equipe é especialmente importante naqueles momentos em que a música, por si só, pode melhor representar o significado. Nessas situações, os atores podem fazer uma pausa e deixar a música tomar o centro do palco. A linguagem falada e o movimento podem parecer muito finitos: sentimentos fortes podem, às vezes, ser melhor expressão com o chamamento direto da música à imaginação emocional.

Em um espetáculo no "Dia das Mães", uma mulher conta a história do nascimento de sua neta, a primogênita de sua filha. Ela é uma narradora engraçada.

"E quem mais estava presente no nascimento, Shelly?"

"O doador de esperma", ela diz, deixando entrever sua opinião a respeito do companheiro de sua filha. A platéia ri quando o "bebê" nasce. Os atores, conscientes do significado profundo da história, esperam o riso diminuir, à medida que a cena se encaminha para o final. Eles mantêm suas posições corporais, indicando que a cena ainda não terminou. Nesse ínterim, o músico dedilha alguns acordes suaves no violão, cantando uma melodia lírica com as palavras "meu bebê... meu bebê". A expressão divertida de Shelly desaparece. Ela encosta-se no ombro do diretor, com os lábios trêmulos e lágrimas nos olhos.

Trabalhando com o diretor

Uma cooperação estreita entre o músico e o diretor fortalecerá o espetáculo. Sentados um de cada lado do palco, seus papéis são de algum modo paralelos. Você compartilha uma responsabilidade especial em dar apoio aos atores e formato à história. Quando sua parceria é forte e há confiança mútua, isso pode constituir-se num eixo para todo o conjunto, criando ótimas condições para que a história seja realizada. Suas tarefas no processo são seqüenciais. O papel do diretor é suspenso assim que a encenação começa; e é, até certo ponto, o músico que assume essa função pela influência modeladora da música. Algumas de suas decisões artísticas podem advir das sugestões do diretor para a encenação — por exemplo, fazer uma cena em três partes ou deixar que um certo elemento seja representado pela música.

Essa parceria diretor–músico pode ainda criar uma estrutura estética para todo o espetáculo. Você pode executar música ao longo da convocação inicial do diretor à platéia, tocar novamente em um interlúdio musical que ajuda as pessoas a respirar novamente, após uma cena particularmente intensa, e encerrar a noite com um fechamento que seja tanto musical quanto verbal.

A música e a iluminação

Se a sua companhia utiliza luzes, o músico e o iluminador trabalham juntos para maximizar o efeito desses dois elementos. A iluminação para o *playback theatre* é uma outra forma não-cognitiva de contar a história. As respostas da platéia serão intensamente afetadas por mudanças na intensidade e na coloração da luz, embora seja difícil que as pessoas estejam conscientes disso. Assim como o músico, o iluminador está seguindo o desenvolvimento emocional da história. A eficácia de ambos é potencializada quando vocês trabalham juntos, para dar ênfase a um elemento crucial ou para formatar o progresso de uma cena (veja o Capítulo 7)

As habilidades do músico

Muitos músicos de *playback* que conheço — inclusive eu — são também musicoterapeutas. Não é uma coincidência. As habilidades que você desenvolve neste tipo de jogo são similares àquelas requeridas pela musicoterapia. Os músicos de *playback* precisam saber tocar fluente e criativamente, de preferência mais de um instrumento; precisam sentir-se à vontade com a improvisação; precisam confiar o suficiente em sua musicalidade, não hesitando em traduzir em música suas percepções e impulsos. Pode ser muito útil se você for versátil o suficiente para ser capaz de propor uma variedade de estilos musicais, tanto instrumentais quanto vocais, se a história assim o requerer — clássico, *blues*, *rap*, étnico, infantil etc.

Embora muitas vezes a música do *playback* se relacione com os estados emocionais de uma forma que transcende uma associação cultural específica, existem ocasiões em que a proposta de um estilo musical reconhecível pode ser bastante efetiva. Por exemplo, uma vez fizemos uma cena sobre uma ruptura pessoal ocorrida em um acampamento para rabequistas e dançarinos tradicionais. Toquei meu violino em estilo de rabeca, o que ajudou na autenticidade e no impacto emocional daquela encenação.

Mas as habilidades musicais não são a única coisa importante. O músico também precisa de potencial para se afinar com o narrador, com os companheiros de equipe, ter capacidade para responder flexivelmente às necessidades da cena, além de uma aceitação da natureza essencialmente humilde de seu trabalho. Assim como os atores devem estar preparados para ser escolhidos para um papel difícil, limitado ou, ainda, nem serem escolhidos, um músico de *playback* deve estar pronto para tocar expansiva e ousadamente, ou não tocar quase nada, em uma cena que ofereça pouca oportunidade para a música.

Tanto o músico quanto o ator no *playback theatre* devem combinar a empatia e a abertura sem julgamentos prévios de um terapeuta com uma prontidão para a expressividade. Nem todo *performer* tecnicamente hábil, em qualquer sentido, é maduro e centrado o suficiente para esse trabalho. Por outro lado, desde que essas qualidades de abertura, empatia, generosidade e espontaneidade são pelo menos tão importantes quanto as habilidades musicais, uma pessoa não treinada pode ter um sucesso inesperado ao tocar música para uma cena. É uma questão de espontaneidade e coragem. Todos têm voz; qualquer um pode usar instrumentos de percussão simples. E essas ferramentas podem ser suficientes para criar uma música verdadeiramente movimentada e dramática para uma cena de *playback*. Obviamente, quanto mais habilidades musicais você tiver, mais escolhas você terá com o *playback*. Mas, é válido que todos, músicos ou não, experimentem o papel de músico — se não em espetáculos, pelo menos em ensaios ou *workshops*. Você acabará se surpreendendo com o efeito de sua música. E o fato de experimentar o papel de músico irá, certamente, aumentar sua consciência da música quando você retornar ao seu papel habitual de ator ou de diretor.

Instrumentos

Se você é músico treinado, seu instrumento principal é aquele no qual você tem maior força expressiva, seja um teclado, um instrumento de corda, de sopro ou de percussão. Você pode complementá-lo com uma série de outros instrumentos para proporcionar uma variedade de timbres, alcances de sons, volumes, capacidades melódicas, rítmicas e conotações culturais ou emocionais. Esses instrumentos podem incluir quase tudo, desde instrumentos familiares típicos das bandas rítmicas, passando por instrumentos exóticos, até objetos encontrados ou de fabricação doméstica. Em uma situação de improviso ou onde não exista verba para instrumentos "reais", potes, panelas, colheres de madeira podem fornecer uma variedade de sons e efeitos. Se você está comprando instrumentos, uma coleção prática deve incluir um instrumento de tom baixo, um tambor ressonante, uma cabaça, um apito, uma flauta de bambu ou uma flauta doce, um bloco de madeira, um xilofone e vários sinos, somados ao instrumento mais importante. A voz é um instrumento sempre disponível e que pode ser extremamente útil na música do *playback*, com ou sem acompanhamento.

A cabaça e o mar

> Um homem conta uma história de sua infância, sobre a construção de um castelo na areia, à beira-mar, com outro garotinho. Eles começaram a brigar e, enquanto brigam, não percebem a aproximação de uma onda que vem e desmorona o castelo.
> Uma atriz é escolhida para retratar o mar. Ajoelhada na beira do palco, envolta em um tecido azul, ela se move em um ritmo suave e regular, nunca roubando o foco dos atores que estavam fazendo o papel dos dois garotinhos. O músico acompanha seu movimento com um ritmo calmo e sibilante na cabaça. As ondas engolem, gradualmente, o castelo de areia. Os garotos param de brigar, o conflito é esquecido com sua perda. No silêncio, a música da cabaça continua, indiferente e constante, como as próprias ondas.

7

PRESENÇA, APRESENTAÇÃO E RITUAL

O *playback theatre* é íntimo, informal, despretensioso e acessível. Mas *é* teatro. Estamos conscientemente entrando em uma arena que é diferente da realidade do dia-a-dia. Para criar o clima elevado necessário para qualquer evento teatral, contamos com os recursos da *presença* (o comportamento e a atenção dos atores cuidadosamente focados); da *apresentação* (o cuidado tomado com os aspectos físicos, estruturais e visuais do espetáculo); e do *ritual* (os padrões que proporcionam uma estrutura consistente durante o espetáculo atual e de um espetáculo para outro). Por intermédio da presença, da apresentação e do ritual, transmitimos a mensagem de que as histórias pessoais, as vidas, são dignas de nossa atenção e de nosso respeito.

O paradoxo do *playback*, formalidade e intimidade, é sintetizado em dado momento, no início de um espetáculo. Os atores entram no palco, um de cada vez. Dizem seus nomes e contam para a platéia algo a respeito de si mesmos, qualquer coisa que lhes ocorra no momento.

"Eu sou Eva e hoje escrevi para um amigo em quem tenho pensado bastante."

Eva está falando como ela mesma, como uma pessoa que fala para outra. Ela não ensaiou nem planejou esse discurso. A platéia ouve como uma comunicação direta e sem intermediários (e é assim mesmo). Mas, ao mesmo tempo, todos estão recebendo suas palavras dentro de determinado contexto: o ritual e a presença, na entrada dos atores. Essa mensagem diferente conta-lhes que não se trata apenas de Eva conversando com a platéia; isto é um espetáculo, com formas, estruturas e intenções. Mais do que tudo, isto diz que a experiência particular de Eva merece ser comunicada neste contexto público e que você, como platéia, está convidado a oferecer suas histórias do mesmo modo.

Quando assiste a um espetáculo de *playback theatre*, você interage com suas características de intensidade e de ritualização. Se elas não existissem, você sentiria falta delas. No entanto, essa ainda é uma das coisas mais difíceis de se falar e ensinar. Em nossa cultura ocidental industrial, não estamos habituados a prestar atenção nisso. Em geral, os elementos do ritual e da apresentação são pobremente manejados em eventos comunitários onde eles seriam pertinentes: momentos de transição ou de celebração, tais como um funeral, uma formatura, um recital de piano. Uma exceção que conheço é a da Nova Zelândia, onde os maori, mestres em cerimônias graciosas e funcionais, têm tido influência significativa nesse campo sobre a cultura como um todo. Acontecimentos públicos, desde simples encontros até cerimônias oficiais, podem atualmente ser organizados utilizando estruturas rituais baseadas nos costumes tradicionais dos maori. Os neozelandeses descobriram que essas formalidades favorecem os propósitos para os quais eles se reúnem — para ouvir e entender um ao outro, para homenagear o passado e para celebrar novos inícios. No *playback*, os novos praticantes freqüentemente ficam confusos, com o desafio de aprender como usar o ritual, como agir com presença e fazer uma apresentação consciente.

Presença

A simples forma de os atores permanecerem no palco, de se movimentarem, de ouvirem e de se relacionarem uns com os outros pode comunicar tanto que eles sabem perfeitamente a profundidade e a força do que estão fazendo quanto o contrário. Tenho visto atores, geralmente novos em *playback*, embora nem sempre, cuja postura informal no palco prejudica o trabalho que eles estão lá para fazer. Com certeza, não se apercebem do efeito que estão produzindo. Acredito que sua falta de presença pode ser, na maioria das vezes, decorrente do fato de não compreenderem o impacto de seu comportamento e, também, talvez por certa timidez em se apresentarem no palco com um domínio total de sua presença.

Por outro lado, os atores que já dominam esse aspecto do espetáculo podem aprofundar consideravelmente o efeito do *playback*. A diferença entre sentar-se nos caixotes em posição ereta ou relaxada, entre permanecer alerta e bem posicionado ou se remexendo enquanto espera terminar a entrevista que está sendo feita pelo diretor, é ao mesmo tempo simples e sutil. É o mesmo caso de se procurar manter a comunicação, uns com os outros (por exemplo, com os pares), reduzida ao mínimo e de se evitar a tentação de interagir sem necessidade, física ou verbalmente. Os atores de *playback* mais eficazes têm atenção e autodisciplina do tipo Zen.

A montagem da cena é um momento em que a presença dos atores desempenha papel especialmente importante. Como vimos, a platéia pode ser conduzida para um transe, para um lugar de extrema abertura à nossa criatividade. Quanto mais disciplinados forem os atores nessa fase, mais a platéia será levada para esse mágico local de encontro. Mesmo quando os atores confabulam, seja para planejar a encenação, ou somente para criar sintonia antes de se lançar à ação, isso pode ser feito com concentração e controle, sem perda da fluência do ritual.

Ao final da encenação, existe novamente a oportunidade de os atores manterem focada sua presença. No momento crucial da confirmação, é necessário coragem para olhar para o narrador com inteireza e dignidade de ator. Se você conseguir fazer isso, estará valorizando o presente oferecido ao narrador. E, quando retorna às caixas, você mantém o foco, mostrando com seu corpo e com seu rosto que está pronto para se doar inteiramente na próxima história.

O diretor, mais que qualquer outro, define o tipo de presença que irá estabelecer a diferença entre este espetáculo e uma reunião totalmente informal. Em pé no palco no início do espetáculo, todos os olhares voltados para ele, a responsabilidade da noite sobre seus ombros, o diretor tanto pode ir ao encontro desse momento ou esquivar-se dele. Se ele consegue cumprir seu papel com presença, do início ao fim, a platéia e os atores irão juntar-se a ele na co-criação de um evento genuinamente teatral.

Apresentação — o palco

O espaço ideal para um espetáculo de *playback* é um teatro pequeno (com até cem lugares) e intimista, com um tablado com altura apenas suficiente para permitir linhas de visão claras, talvez uns trinta ou sessenta centímetros do chão, com degraus para proporcionar fácil acesso. Ou poderia ser um teatro de arena, onde os assentos descendem, degrau a degrau, até o espaço cênico. O *playback* não funciona bem em um palco com proscênio e não necessita de cortinas. O que importa é a intimidade e o acesso ao palco. A acústica deve ser limpa o suficiente para que as falas possam ser ouvidas facilmente (mesmo quando o narrador fala baixo), mas não tão limpa a ponto de a clareza se perder nas reverberações.

Contudo, como tenho visto, o "palco" em um espetáculo de *playback* não é um palco de verdade, mas a parte de uma sala cuja mobília foi retirada. A maior preocupação é como ele será montado. Com ou sem um palco de verdade, precisamos criar um espaço físico no qual as histórias possam ganhar vida.

A montagem básica do espaço cênico é bastante simples. À esquerda da platéia — à direita do palco — são colocadas duas cadeiras lado a lado, voltadas em direção ao centro, para o diretor e para o narrador. Na primeira parte da apresentação, a cadeira do narrador está vazia. A atenção da platéia não deve estar direcionada para isso. Mas, em algum nível, os espectadores percebem e se perguntam: "Quem senta na outra cadeira?". No outro lado do palco está o assento do músico e um conjunto de instrumentos espalhados sobre uma mesa baixa ou um pano aberto no chão. Na parte de trás estão alguns engradados ou caixotes de madeira para os atores se sentarem e, mais tarde, utilizarem como acessórios durante a encenação. (É tradicional no *playback theatre* a utilização de engradados plásticos, surpreendentemente parecidos e disponíveis no mundo todo. Eles são baratos, leves e empilháveis, embora não sejam confortáveis para se sentar. Há uma piada do *playback* que diz que você sempre pode identificar atores de *playback* por seus traseiros amassados.)

Em um lado, normalmente ao fundo e à direita do palco, fica um mancebo de madeira, com faixas de tecidos de várias cores e texturas penduradas. Este é o objeto mais colorido no palco, evocativo e estético em si. Embora o uso efetivo dos adereços deva ser o mínimo, o mancebo contribui como uma presença festiva e teatral. Os adereços podem ser escolhidos e arranjados com esses conteúdos em mente: tecidos que sejam vistosos, atrativos e variados. Você pode pendurar as faixas combinando-as com uma certa consciência artística — um longo tecido preto ao lado de um pedaço de renda vermelha, uma rede de pescador sobre um tecido metálico vivo, e assim por diante. Esses objetos simples delimitam o espaço vazio entre eles, espaço esse que será preenchido com histórias ainda por conhecer.

A sala

Quando um evento de *playback theatre* acontece em uma sala que normalmente não é utilizada para espetáculos, algumas coisas podem ser feitas para que se consiga o máximo rendimento de qualquer espaço.

Uma das primeiras providências é arrumar as cadeiras de acordo com os propósitos de conexão e de comunicação do *playback*. No teatro tradicional, a platéia geralmente senta-se em filas retas. A percepção das demais pessoas é minimizada, de tal maneira que se possa entrar completamente no mundo da realidade imaginária dos atores, sem a distração das pessoas reais ao nosso lado. No *playback theatre* queremos que a platéia esteja tão consciente da existência das outras pessoas quanto do mundo criado no palco. Queremos que elas sintam o fenômeno de compartilhar deste evento, do qual a história encenada é apenas uma parte. Colocamos as cadeiras em filas curvas para que as pessoas da platéia possam se ver umas às outras, e assim nossa presença no espaço cênico completa uma espécie de círculo[1].

Procuramos garantir uma passagem para que qualquer um possa, facilmente, caminhar até o palco. Podemos colocar almofadas em frente à primeira fila para crianças ou para outros que queiram garantir uma boa visão. Tentamos tornar tudo o mais confortável e atraente possível. Queremos que as pessoas entrem, sintam-se bem-vindas e satisfeitas por estarem ali.

---

1. Pelas razões já relatadas, o diretor sempre convida as pessoas da platéia a se apresentarem a quem está sentado ao lado, ficando todos, assim, desse momento em diante, sabendo que se sentaram com pessoas cujos rostos olharam e cujas vozes ouviram. Em uma sala onde as cadeiras são fixas e não podem ser arrumadas em filas curvas, estas apresentações da platéia são especialmente importantes.

É surpreendente quão rápida e facilmente se pode transformar um espaço com essas medidas. Em apenas alguns minutos, com alguns integrantes do grupo montando o palco e outros arrumando as cadeiras e almofadas, uma sala comum e pouco acolhedora pode tornar-se convidativa e teatral.

Luzes

A iluminação do palco faz uma enorme diferença, tanto num teatro como numa sala informal, definindo o espaço e banhando tudo em cores, longe das prosaicas luzes fluorescentes ou brancas às quais as pessoas estão acostumadas. A iluminação do *playback* é diferente da do palco tradicional, normalmente caracterizada por focalizações e tentativas de simular ambientes específicos. Ao contrário, a iluminação para um espetáculo de *playback* é muito mais uma questão de ondas impressionistas de cores que mudam com o fluir da emoção.

Um conjunto básico de luzes para o *playback* inclui duas luminárias grandes para iluminação geral e talvez mais quatro holofotes para efeitos mais focados. Cada luz é filtrada, de tal modo que se tenha um repertório de cores a serem usadas, de acordo com as necessidades da cena. As luzes são montadas em suportes e controladas por reostatos, fixados em uma caixa de luz, no fundo da sala. O iluminador — outro contador de histórias do grupo — ajuda a estruturar a história diminuindo as luzes após a entrevista e, novamente, ao final. Durante toda a encenação, ele faz alterações sutis na iluminação enquanto o drama se desenvolve. Antes do espetáculo, as luzes podem ser cuidadosamente posicionadas para que o narrador e o diretor estejam bem iluminados, tanto na entrevista quanto na cena. É especialmente no rosto do narrador que acontece uma parte do drama que mais prende a atenção da platéia.

Nem todos os grupos ou espetáculos utilizam luzes; elas constituem o equipamento mais volumoso e mais caro do que qualquer outro. Contudo, mesmo sem luzes de palco, existe quase sempre algum modo de melhorar a iluminação do local. Algumas luzes no alto podem ser apagadas; talvez se possam usar luminárias ou lâmpadas que proporcionem focos e cores.

O que vestir

A vestimenta faz parte da apresentação dos atores. Cada companhia tem uma solução diferente para essa questão, dependendo de seu senso de estilo e de adequação. O que todos têm em comum é a necessidade de utilizar roupas que permitam aos atores movimentarem-se com facilidade e serem tão neutros quanto possível, para que você possa rapidamente ser identificado com uma avó, um sapo, um policial ou a Lua. Vocês podem optar pelo preto, ou então pelas cores lisas combinadas ou, ainda, por roupas comuns, mas tem que ser um tipo de vestuário que permita o máximo de flexibilidade em movimento e expressão.

Começos e finais

A importância da apresentação se estende ao conjunto do espetáculo em si. Por exemplo, existe espaço para uma boa combinação entre cuidado e criatividade no jeito como você começa e termina a apresentação. Tudo o que você faz, desde o momento da sua primeira aparição, irá intensificar ou diminuir o impacto teatral. Caso você dance, toque instrumentos de percussão, inicie com uma improvisação vocal meditativa, faça declarações como as de Eva seguidas de esculturas individuais rápidas, ou qualquer outra das infinitas possibilidades, o espetáculo irá mover-se suavemente em direção ao processo de *playback*, partindo de um início que é tanto teatral quanto autenticamente humano. Uma vez, na ousadia de nossos tempos iniciais, começamos um espetáculo trocando de roupas no palco, atrás de uma tela, dois de cada vez. A platéia não tinha a menor idéia do que fazer com esta ousadia. Com certeza, foi dramático. Refletindo posteriormente, concluímos que isso não acrescentou nada de útil.

Quando termina o espetáculo, a finalização que você fizer também vai ajudar a afirmar o significado e a dignidade daquilo que todos acabaram de compartilhar. É um outro momento fácil de descuidar. Entretanto, é importante que a equipe permaneça junto para receber os aplausos da platéia com um gesto de reverência, talvez aplaudindo-a de volta, e que saia do palco com presença —

mesmo que seja para retornar um minuto depois para estar com as pessoas informalmente.

Ritual

No *playback theatre* o ritual significa uma repetição de estruturas de espaço e de tempo que proporcione estabilidade e familiaridade, dentro das quais o imprevisível pode estar contido. O ritual serve também para ajudar a atingir uma percepção intensificada da experiência; é essa intensificação da percepção que pode transformar a vida em teatro.

A presença do ritual é estabelecida, muitas vezes, até mesmo antes de o espetáculo começar. Como vimos, as apresentações de *playback* acontecem com freqüência em espaços que não são normalmente usados para teatro. Também é um ritual a tarefa prática de montagem da sala e do palco, com os caixotes, os instrumentos, o mancebo com os adereços e as duas cadeiras para o narrador e o diretor. É um processo simbólico de passagem temporária do refeitório (ou o que possa ser) para algo diferente, um lugar onde as histórias possam ser contadas, vistas e ouvidas; onde as pessoas são convidadas a estarem umas com as outras de um jeito novo. Se não estivermos em um local compatível com o processo do *playback*, devemos criá-lo.

Quando o espetáculo começa, é o diretor, principalmente, quem estabelece e regula os rituais. Ele precisa ter consciência plena do aspecto xamanista desse papel e utilizá-lo responsável e artisticamente.

Uma das ferramentas ritualísticas do diretor é a escolha da linguagem que vai utilizar por todo o espetáculo, em especial durante as entrevistas. Num certo sentido, essa linguagem é informal e coloquial: "Bem-vindo à cadeira do narrador. É a primeira vez que você é um narrador?" e assim por diante. Em outro nível, a linguagem é formalizada, repetitiva e, além disso, escolhida com alto grau de cuidado e consciência. Apesar de cada entrevista ser diferente da outra, muitas perguntas do diretor serão repetidas. Ele provavelmente guiará a entrevista em certas direções: rumo à especificidade, aos significados às vezes ocultos da história ou à própria criatividade do narrador. Quando a entrevista está correndo bem, existirá um ritmo palpável de perguntas e respostas à medida que o narrador vai se inserindo no ritual.

O diretor deverá repetir algumas respostas do narrador, voltando-se para os atores e para a platéia. "É um sonho, mas eu não tenho certeza se realmente foi um sonho", diz o narrador. O condutor vira-se para a platéia e diz: "Um sonho que talvez não tenha sido um sonho", acrescentando uma leve ênfase às palavras. Ele está se certificando de que todos estão ouvindo a história — não é tarefa do narrador falar alto — e está também intensificando o processo de narração, por meio da repetição como um elemento do ritual.

Quando a entrevista termina, a recomendação final do diretor ao narrador e à platéia é quase sempre "Vejam!" ou, se parecer muito abrupto e autoritário, "Vamos ver!". Fazer esta recomendação ao final de toda entrevista faz parte do ritual. Serve para preparar o narrador, os atores e a platéia para a cena que vem a seguir. Para o narrador, também é uma indicação enfática de que sua participação ativa está terminada.

A seqüência da encenação é outro aspecto em que o ritual desempenha uma parte importante. A encenação segue um padrão de cinco estágios, como vimos no Capítulo 3. Após a entrevista, existe a montagem (altamente ritualística); depois, a cena em si, seguida dos agradecimentos e da última palavra do narrador. A consistência desta seqüência cria uma estrutura por intermédio da qual a cena pode alçar vôo. Sem o ritual dos cinco estágios, os atores, o narrador e a platéia poderiam sentir-se confusos e inseguros.

A música é um elemento essencial no estabelecimento do ritual. Como vimos no Capítulo 6, o efeito ritual da música no *playback theatre* está relacionado mas é distinto de sua função puramente expressiva, estética. Não tenho certeza se o efeito estabilizador e dignificante da música vem de nossa familiaridade cultural com o uso da música em cerimônias religiosas e civis, ou se existe algo inerentemente enobrecedor, em si, que recomenda o seu uso em tais eventos. A música, em qualquer caso, especialmente no início, no fim e na transição intensifica de uma maneira muito forte a dimensão do ritual. Nessas ocasiões, o músico, assim como o diretor, está desempenhando conscientemente um papel xamanístico.

As luzes de palco são outro elemento do ritual. Quando diminui-se a intensidade da luz as pessoas ficam quietas, receptivas, ansiosas.

Durante a cena, as mudanças na iluminação continuarão a dar à ação um tom de arte. Junto com a música, a iluminação diz: "Observem isto! Isto é importante!".

Já falei anteriormente sobre as crianças emocionalmente perturbadas que freqüentam regularmente espetáculos de *playback* e que nunca têm oportunidade suficiente para contar suas histórias. Para ajudá-las a lidar com seu desapontamento, quando não são escolhidas como narradoras, uma das pessoas de nossa companhia utiliza suas visitas, como psicóloga escolar, para propiciar algumas chances extra para que possam narrar suas histórias. Quando entra na sala, ela reúne as crianças em círculo e aquelas que desejam podem narrar suas histórias, uma de cada vez. Depois da narração, Diana conta a história novamente, adicionando um toque de cerimônia à sua narração. As crianças ficam satisfeitas com isso. Apesar de não ser o mesmo que ver suas histórias encenadas, é diferente de simplesmente contar algo de modo privado ou coloquial. É a inclusão do ritual, sutil como ele é, que eleva a narração de histórias pessoais a algo satisfatório e memorável.

Ritual e significado

No início de nossas explorações a respeito do significado do ritual, especialmente a seqüência ritual de fazer uma cena, fomos convidados a participar de uma cerimônia do chá japonesa para experimentar o que esta antiga e milenar tradição poderia ter em comum com a nova tradição que estávamos criando. Apesar de a graça da cerimônia do chá ter nos deixado uma marca indelével, a verdade é que faltou a dignidade apropriada à nossa reação. Foi difícil mantermos a serenidade diante da solenidade esmerada dos oficiantes, amadores como nós. Igualmente desafiadora foi a presença do marido de uma das pessoas da nossa companhia que, estávamos começando a perceber, tinha um interesse particular por trajes. Ansioso e muito sério, ele apareceu naquela cerimônia, celebrada no piso de um celeiro, usando uma indumentária completa de samurai, incluindo a espada.

Embora tenhamos nos sentido um pouco envergonhados com nossa luta com a hilaridade, acho que o que aconteceu é que estávamos respondendo à defasagem que existia entre, de um lado, nossa falta de experiência e, de outro, nossa pretensão de nos conectarmos com uma tradição venerável. Não existe nada de inerentemente ridículo em participar de rituais criados em outras culturas. O absurdo estava no erro de não admitir o quanto aquilo era novo e estranho para todos nós. Nenhum de nós, inclusive os anfitriões, tinha muito mais do que uma vaga idéia do significado que esta cerimônia carregava em seu contexto original.

Os rituais existem para corporificar significados, até mesmo para construí-los a partir dos elementos desiguais de nossa experiência. São "estruturas de expectativas".[2] Se o ritual é visto fora do contexto no qual ele foi criado ou se não tem boas razões para acontecer num determinado momento, torna-se vazio e até ridículo. Os rituais estabelecidos no *playback* surgiram das necessidades e significados do que acontece num espetáculo. Se, em determinado momento, eles vierem a parecer arbitrários ou sem sentido, cessa a razão de sua existência.

O diretor de teatro Peter Brook fala de uma antiga função do teatro, a de proporcionar reintegração temporária para uma comunidade que, assim como todas as comunidades, vive cotidianos fragmentados. Mas essa função do teatro não pode mais ser preenchida, diz ele, pois o processo de fragmentação foi tão longe que nós não mais compartilhamos pedras de toque sobre as quais os rituais possam ser construídos. Ao contrário, diz ele, os atores modernos devem encontrar uma nova "matriz de unidade", que é o momento da apresentação, o *agora* compartilhado pelos atores e pela platéia[3].

O *playback* pode ser um teatro no qual esta "matriz de unidade" essencial seja criada tanto da forma antiga quanto da nova. Apesar de estarmos lidando freqüentemente com platéias não menos diversas quanto qualquer outra platéia moderna (e, dessa forma, nosso quadro de referência cultural compartilhado possa estar tão empobrecido quanto), a diferença é que nossa "peça" é proveniente da vida das pessoas. Sofremos menos pressão da necessidade dos tradicionais motes culturais porque nós — platéia e companhia, juntos — os encontraremos dentro do microcosmos de uma apresentação, e eles

---

2. M. Douglas, citado em *Rituals in families and family therapy*. Imber-Black, Roberts, and Whiting, Nova York, Norton, 1988, p. 11.

3. Peter Brook. "Leaning on the moment". *Parabola*, 4 (2), 1979, pp. 46-59.

provavelmente incluirão triunfos e perdas pessoais e realizações infelizes que transcendem uma cultura específica. Nós realizamos rituais baseados nas necessidades imediatas do próprio evento, nem arbitrários nem antigos ou obscuros, mas com um papel facilmente compreensível a desempenhar, em função do propósito para o qual estamos reunidos. Ao mesmo tempo, estamos na verdade "debruçando-nos sobre o momento" — e, acima de tudo, compartilhando, nesse nascimento da cena, a revelação de uma vida.

8

PLAYBACK E CURA

Peter Brook diz que o teatro foi criado para "refletir os sagrados mistérios universais e, também, para confortar o homem bêbado e o solitário"[1]. (Acho que isso inclui também a mulher e a criança solitárias.)

Nesse sentido, o *playback theatre* sempre foi um teatro confortador. O compromisso com o florescer do espírito humano era uma parte da visão original de Jonathan e, nos primeiros anos, à medida que narrávamos nossas próprias histórias, fomos aprendendo por nós mesmos o alcance disso. Quando começamos a trabalhar com a comunidade vimos o quanto narrar histórias e vê-las encenadas parecia, com freqüência, uma experiência reparatória, pelo menos naquele momento, independentemente do tipo de história que era contada. Para algumas pessoas, contar uma história no *playback* representou uma catarse ou simplesmente uma afirmação; para outras, narrar uma história publicamente foi importante no sentido de uma vinculação. Para os grupos, foi um modo de construir pontes, de fortalecer ou celebrar laços que provavelmente já lá estavam.

A eficácia curativa do *playback* vem de vários elementos. Em primeiro lugar, como já vimos, as pessoas precisam contar suas histórias. É um imperativo humano básico. Vem da narração de nossas histórias o nosso senso de identidade, o nosso lugar no mundo e até mesmo nossa bússola do mundo em si. Na existência fragmentada que muitos de nós experimentamos, na qual há pouca continuidade de pessoas e de lugares, onde a vida move-se rápido demais para que possamos ouvir cuidadosamente uns aos outros, onde muitas pessoas estão buscando um significado que lhes parece sempre ilusório, o

---

1. Peter Brook. "Or so the story goes". *Parabola*, 11 (2), 1986.

playback theatre oferece um fórum onde não existe julgamento para o compartilhamento de nossas histórias pessoais.

Em segundo lugar, o microcosmo de uma sessão de *playback theater* (ou outro evento) é benigno. O respeito é uma das pedras angulares. Ninguém é explorado, ridicularizado ou diminuído. Ele é seguro e até mesmo alimentador. Esse ambiente, sozinho, é suficiente para gerar cura. As pessoas que o experienciam, qualquer que seja sua duração temporal — membros de companhias, grupos que utilizam *playback* em reuniões regulares ou participantes de *workshops* que duram alguns dias —, podem crescer simplesmente por estarem em um ambiente de aceitação e generosidade.

A estética é outro elemento essencial no efeito curativo do *playback*. As histórias não são apenas narradas: elas são respondidas com a sensibilidade artística da equipe de *playback* e são transformadas em peças de teatro. São feitas escolhas estéticas. Os aspectos rituais que abordamos no Capítulo 7 servem como estrutura para realçar a forma.

O que acontece no processo artístico, quando a vida é destilada em arte, seja no *playback* ou em qualquer outro meio? O artista é alguém que, como o visionário ou o sonhador, sente o padrão que liga os fenômenos desconectados de nossa existência. Ele cria uma forma, no espaço ou no tempo, ou em ambos, que, de alguma maneira, expressa sua percepção dessa coerência subjacente ou de uma parte dela. Essa é a raiz do processo artístico — sentir o significado e traduzi-lo numa forma. O prazer que o observador sente quando experiencia a criação do artista também vem da busca do significado. Nós tememos o caos e a falta de significado, mas os experienciamos com muita freqüência. Quando encontramos algo que reflete nossa própria experiência de forma estética, nós nos sentimos reassegurados e até mesmo inspirados. O grau em que isso acontece depende do quanto vemos nossa experiência refletida no trabalho do artista e o quanto de coragem, profundidade e convicção o artista foi capaz de mobilizar.

No *playback theatre* estamos dizendo que, ao nos permitirmos *ser* artistas, podemos revelar o padrão e a beleza latentes no material bruto de uma vida. Nossa atenção estética permite que a história testemunhe um significado e um propósito ontológicos. A dimensão estética — na acepção de uma integridade de forma, não necessariamente harmoniosa ou bela — é, em si, um agente fundamental e profundamente afirmativo da cura[2].

Pierre conta uma história em que relata como foi seqüestrado, quando criança, pelos avós maternos, que pretendiam acabar o casamento de seus pais. Suas maneiras não dão nenhuma idéia de seus sentimentos em relação a esse importante evento. O diretor lhe pede que focalize o momento que gostaria de ver. Ele escolhe a cena do tribunal, em que seus avós são punidos com a deportação para a Europa. A atriz que faz o papel de juiz dá asas à imaginação em seu papel. Ela se transforma num furioso vingador. "Como vocês ousam fazer tal coisa?", grita, postada na cadeira de juiz numa posição mais alta do que a dos defensores, paramentada com uma toga esvoaçante. "Vocês não têm o direito de destruir esta família. Vocês não se deram conta do quanto eles estavam aterrorizados, inclusive esta pequena criança?" De um lado do palco está um ator que faz o papel de Pierre, com 15 anos, assistindo a esta cena de seu próprio passado, na protetora companhia de uma tia.

Quando a cena termina, Pierre retoma rapidamente seu estilo irreverente de interação com o diretor, mas não antes de termos visto o quanto ele estava engajado na cena. Ele nos conta que talvez vá em breve para a Europa encontrar seus avós, pela primeira vez desde que era bebê.

Em um workshop, Laine, uma jovem solteira, vem para a cadeira do narrador sem ter uma história clara em mente. Em sua vida, ela se sente numa encruzilhada e quer explorar suas opções para o futuro. O diretor encoraja-a a relembrar um momento qualquer de sua vida nos últimos anos. Gradualmente, na medida em que a criatividade de Laine vai respondendo ao questionamento intuitivo do diretor, vai emergindo uma vívida imagem. Ela se vê como atriz, famosa e bem-sucedida, terminando uma apresentação que havia sido tanto tocante quanto divertida. Depois ela volta para casa, para sua família.
"Quantos filhos você tem?", pergunta o diretor.
"Quatro", diz Laine, sem hesitar. Ela diz os nomes e as idades deles.
"Diga uma palavra que poderia descrever seu marido."
"Adorável e brincalhão."

---

2. Veja Salas, J. "Aesthetic experience in music therapy". *Music Therapy*, 9, 1, 1990, pp. 1-15.

Quando a cena é representada, Laine enxuga lágrimas em seus olhos brilhantes.
"Ah, eu espero muito que seja asssim!", diz ela.

Ambos os narradores assumiram o risco de expor sua vulnerabilidade no palco do *playback*. O sentimento de que poderiam ser beneficiados levou-os a contar suas histórias. O que eles ganharam? Para Pierre, o valor deve ter sido muito mais do que testemunhar publicamente sua experiência. Havia um tom de desafio nas interações com o diretor, bastante bloqueadas durante a entrevista, talvez como forma de proteger seus sentimentos diante de um episódio vergonhoso de sua família. Mas ele percebeu que sua história foi recebida com respeito e compaixão tanto pelos atores como pela platéia. Como resposta, seu sarcasmo foi suavizado próximo ao final da cena. Também é provável que Pierre tenha se beneficiado simplesmente por ter visto esse momento encenado, ao vivo e em cores, em vez de apenas visualizá-lo em sua mente, o que, indubitavelmente, deve ter ocorrido muitas e muitas vezes ao longo de sua vida. Provavelmente, a capacidade de manejo que ele ganhou ao ver essa lembrança dolorosa tão plenamente externalizada lhe será útil quando ele se defrontar com seus avós pela primeira vez, na condição de adulto.

Para Laine, que contou sua história no ambiente de intimidade de um *workshop*, houve uma convocação consciente da criatividade coletiva do grupo, manifestada não apenas na encenação propriamente dita, mas também no clima geral que possibilitava uma ampla imaginação. A visão era dela mesma, mas ela não teria conseguido trazê-la à tona sozinha; talvez ela nem mesmo pudesse voar livremente em sua própria imaginação a ponto de poder encontrar o cenário que preencheu suas necessidades e seus desejos ainda em estruturação.

Muitas pessoas perguntam, quando vêem ou ouvem alguma coisa a respeito do *playback theatre*: "Isto é teatro ou terapia?". Elas vêem alguém como Laine procurando um lenço de papel, vêem pessoas contando sobre dor e perda, vêem atores que parecem ser muito mais cuidadosos do que o que se poderia esperar de atores do teatro, nem distantes nem cheios de *glamour*, embora possam ser bastante talentosos. Alguns membros da platéia podem sentir-se confusos com a *gestalt* do *playback*, que parece incluir elementos que eles estão acostumados a pensar como se fossem separados. O fato é que os valores e as práticas do *playback theatre* não estão em conformidade com as divisões funcionais costumeiras da sociedade moderna. A cura e a arte são, ambas, partes integrantes dos objetivos do *playback*. Os praticantes do *playback* aprendem a viver com esta ambigüidade e com os efeitos dela no mundo. Existem algumas conseqüências muito práticas, tais como o desafio diário de explicar *playback theatre* para as pessoas, às vezes tendo que justificar o trabalho para amigos e parentes céticos. Para muitos de nós, tem sido difícil obter reconhecimento, inclusive sob a forma de garantir suporte financeiro. Os conselhos artísticos tendem a dizer: "Vocês são terapêuticos demais e, obviamente, não estão totalmente comprometidos com o teatro". Já as fontes de financiamento de serviços sociais, com freqüência, desconfiam do grau de seriedade de nossa arte. Ironicamente, parece que isso acontece menos nos grupos novos, porque eles já contam com quase duas décadas de tradição de *playback theatre* como referência.

Playback na terapia[3]

Muitas das pessoas atualmente treinadas em *playback theatre* vêm de profissões de ajuda. (Algumas são dramaterapeutas e psicodramatistas, já familiarizadas com a eficácia terapêutica da utilização do teatro para a exploração da experiência pessoal.) Elas têm começado a fazer cada vez mais uso do potencial curativo do *playback* em seus trabalhos em hospitais, clínicas, internações e hospital-dia, assim como em consultórios particulares. As formas como essa narração ritualizada de histórias é terapêutica para o público em geral tornam

---

3. As técnicas e as questões a respeito do teatro de *playback* em terapia proporcionariam uma discussão muito mais detalhada do que a que estou oferecendo nestas páginas. Os comentários que se seguem devem estimular pensamentos adicionais, mas não têm a intenção de ser um guia para a prática clínica, a qual necessita de suporte, com habilidades clínicas e experiência. Veja também: "Playback theatre: Children find their stories". In: *Handbook for treatment of attachment – trauma problems in children*, Beverly James. Nova York, Lexington Books, 1994; e o *Interplay,* questões de *playback theatre* e terapia, v. 5, p. 3.

o *playback theatre* uma ferramenta valiosa também para o trabalho com crianças e adultos que sofrem de dificuldades emocionais e de doenças mentais. As pessoas que estão em tratamento têm necessidade premente de contar suas histórias e provavelmente têm menos oportunidades.

Profissionais de saúde mental que vêem o *playback* pela primeira vez expressam freqüentemente sua preocupação com os perigos de "fazer as pessoas se abrirem", convidando-as a contar suas histórias. À medida que se familiarizam com a forma de trabalho vão podendo verificar os vários fatores que servem como proteção contra o tipo de perda de limites que estão imaginando. Um desses fatores é a habilidade do diretor-terapeuta, treinado para conduzir a narração da história com sensibilidade clínica. Outro é o efeito de distanciamento propiciado pelo próprio formato do trabalho, pois existe um controle interno maior quando o narrador assiste à encenação sem dela participar. Em terceiro lugar, quase todos os narradores, sejam eles pacientes psiquiátricos ou pessoas do público, seguem um senso inato do que é apropriado contar em cada contexto particular. Raramente vi isso ser violado, mesmo que não se faça nenhuma orientação a respeito do que pode ser narrado. Os narradores de *playback* avaliam instintivamente o nível de auto-revelação seguro, dependendo de fatores tais como o número de pessoas no grupo e quem mais está presente.

O compartilhamento de histórias acontece em um ambiente que não é apenas seguro, mas fundamentalmente acolhedor e amoroso. É um ambiente terapêutico que, de alguma maneira, se parece com o "olhar positivo incondicional" da terapia centrada na pessoa de Carl Rogers (uma abordagem que é muito mais comum, infelizmente, em terapia individual do que em centros de tratamento). E a dimensão estética é tão profundamente curativa para pacientes com distúrbios quanto para qualquer outra pessoa; possivelmente até mais. Muitas pessoas problemáticas estão extremamente necessitadas de qualquer experiência que venha apontar para a existência de um padrão subjacente que possa trazer algum sentido para o seu sofrimento. A beleza, em geral, tende a ser um produto em falta na vida dos seres humanos mais problemáticos, quando, na verdade são os que mais dela necessitam. Do mesmo modo, eles precisam de oportunidades para experienciar sua própria criatividade, imaginação e espontaneidade. Tais experiências podem estimular o crescimento do sentido de autoria de suas próprias vidas, levando a uma crescente autonomia e saúde.

Em uma instituição para crianças severamente perturbadas emocionalmente, dez meninos e meninas, entre sete e dez anos de idade, vieram ao ginásio para uma performance no playback theatre. *Muitos deles já haviam visto o* playback *várias vezes. Os atores são os membros da equipe técnica da instituição — funcionários da recreação, terapeutas de artes expressivas, um professor, um psicólogo — que faz apresentações regulares para as crianças e para a equipe. É Cosmo quem narra a segunda história. Eu o escolhi porque ele parecia estar muito desapontado por não ter sido escolhido para a primeira história e já havia reclamado por não ter conseguido participar da apresentação anterior.*

Na medida em que ele vai respondendo às minhas primeiras perguntas, a história de Cosmo vai tomando novos rumos, girando em torno de diferentes tópicos. Sua ligação com a realidade parece bastante tênue, o que acontece algumas vezes com essas crianças que lutam com os traumas que estão presentes em suas vidas. Eu o ajudo a focalizar, perguntando-lhe quem ele gostaria de ver em sua história, uma vez que as perguntas "o quê", "onde" e "quando" não estão nos levando a lugar nenhum. Ele escolhe sua mãe. Um cenário triste começa a emergir. Cosmo está vivendo com seus pais adotivos. Eles não entendem o quanto ele está chateado e preocupado com sua mãe biológica, que está presa por crimes relacionados a drogas.

Os atores, muitos dos quais o conhecem bem, elaboram uma cena fora dos elementos que Cosmo havia fornecido. Cria-se uma conversa bastante penosa entre Cosmo e sua mãe. Karen, fazendo o papel de mãe, fala de trás de uma cela feita de engradados de leite, enquanto o ator que faz o papel do narrador está deitado em sua cama. É como se eles estivessem em alguma esfera do coração e pudessem conversar desta forma. A mãe lhe diz o quanto está triste e sentida. Diz que tem esperança de que as coisas melhorem, mas ela não sabe como. O filho ouve e lhe diz o quanto a ama e o quanto está preocupado com ela. É o melhor que eles podem fazer. Não existem respostas fáceis ou finais felizes.

Cosmo está absorto com a cena. Assim como a maioria das outras crianças. Ele não é o único cuja vida havia sido dilacerada por ter um genitor viciado. Algumas crianças relaxam sua tensão dando risadinhas. "Não tem graça", diz Cosmo, com uma cara brava. "Eles sabem que não é engraçado", digo a ele bem baixinho. "Apenas assista à história."

Depois de mais uma cena, terminamos a apresentação com um calmo trabalho de arte; as crianças espalham-se no chão do ginásio, com os monitores e com os membros da equipe do playback. *É um modo de ajudá-las a encontrar um fechamento, antes de retornarem ao seu pavilhão. Cosmo desenha um coração enorme, cruzado de barras, com sua mãe olhando para fora a partir de uma janela minúscula no meio.*

Quais foram os ganhos terapêuticos de Cosmo nesta experiência? Primeiramente, significou muito para ele ter a oportunidade de contar sua história. Apesar de sua confusão inicial, o que emergiu rapidamente foi sua história mais profunda e importante, aquela com a qual convive dia e noite, que subjaz a todos os demais acontecimentos de sua vida. Ele se sentiu fortemente impelido a contá-la, a compartilhá-la diante de seus coleguinhas e de sua equipe, a identificar-se nestes termos tanto em função de seu próprio sentido de *self* quanto porque ele queria que os outros o entendessem nesse aspecto.

Foi muito importante que sua história tivesse sido narrada em um ambiente de aceitação. Nesses espetáculos de *playback* sempre enfatizamos a importância de ouvir de um modo amigável e respeitoso. Nossa própria resposta atenciosa a cada narrador ajuda a fornecer um modelo. Se considerarmos os problemas prementes dessas crianças e o clima de indelicadeza que prevalece ali, é surpreendente verificar como elas são capazes de ouvir as histórias umas das outras e de assistir às encenações com atenção e simpatia. É preciso que eu esteja sempre relembrando, mas elas parecem ser capazes de interromper, numa certa medida, suas interações usualmente pouco generosas. Assim, Cosmo sentiu-se seguro o suficiente para arriscar a mais vulnerável de suas histórias, sabendo que o formato do espetáculo de *playback* iria criar um contexto suficientemente seguro.

Com muita freqüência, em nossos espetáculos, as crianças têm contado histórias tão reveladoras de si mesmas como essa. Acredito que parte do que as torna seguras é o fato de suas histórias serem simplesmente narradas e encenadas. Nós não as analisamos nem as discutimos, embora o encaminhamento da cena inclua algo do que conhecemos da criança. Na cena de Cosmo, Karen, a atriz que fez o papel da mãe, sabia que havia pouca esperança de que aquela mulher pudesse transformar-se na mãe que Cosmo precisava e desejava.

Quaisquer que fossem os sonhos de Cosmo, de estar e de realizar-se com ela, o padrão de comportamento da mãe, até agora, faz parecer impossível que ela consiga libertar-se do ciclo destrutivo do vício, do crime e do encarceramento. A consciência de Karen a esse respeito serviu de referência para sua atuação. Suas palavras em cena expressaram de forma eloqüente o amor e o remorso da mãe, ao mesmo tempo que evitavam cuidadosamente qualquer mensagem abertamente otimista. Ela encontrou um jeito de comunicar que, independentemente do que acontecesse, sua mãe iria pensar nele e amá-lo. Esta foi a interpretação de Karen — uma tentativa, permanecendo dentro da forma, de proporcionar uma mensagem que pudesse ser curativa para Cosmo.

Na medida em que sua história foi contada e encenada, ela sofreu uma transformação: de uma confusa mistura de pensamentos, sentimentos e imagens dolorosas, passou a ser uma peça de teatro beneficiada pela arte criativa dos atores, cujo sentido estético de história, acrescido de compaixão e compreensão, lhes possibilitou encontrar uma forma coerente e satisfatória para a experiência de Cosmo. A arte, como já disse anteriormente, destila a vida em formas que transmitem algum sentido de padrão e propósito. Os fatos da vida de Cosmo não puderam ser mudados, é claro, por meio da narração de uma história. Mas a dor que sentia, em algum grau, podia ser redimida pela experiência de vê-la transmutada em algo organizado e artisticamente transformado. A presença da *arte* foi um aspecto essencial da cura.

Num hospital psiquiátrico, há um novo paciente que está deixando todo mundo nervoso. Grande e alto, ele carrega consigo a aura da amarga sabedoria de um veterano da Guerra do Vietnã. Ele é indicado para um grupo de psicodrama[4].

---

4. O psicodrama difere do *playback* por ter seu foco orientado para o problema, pela duração da encenação — com freqüência, uma hora ou mais — e pelo fato de que o narrador, chamado "protagonista", atua em seu próprio drama. Para uma discussão das diferenças e afinidades entre os dois métodos, ver o artigo de J. Fox, "Die inszenierte personliche Geschichte im Playback-Theatre" (Dramatized Personal Story in Playback Theatre), in: *Psychodrama: Zeitschrift fur Theorie und Praxis*, junho, 1991.

Judy, a diretora, é também uma playbacker *experiente*[5]. *Um dia, as batalhas de Adam tornam-se o foco da sessão e ele não quer ser o protagonista. Judy, sentindo o desejo das outras pessoas do grupo de encontrar um jeito de ajudar, convida-o a contar uma história, no estilo* playback. *Os outros pacientes vão encená-la e ele poderá só assistir.*

Adam conta como foi crescer em uma família em que os sentimentos não eram reconhecidos nem expressados. Um dia o cachorro da família, já velho, ficou muito doente. Escondendo dos pais sua preocupação, Adam vai para a cama quando seus pais o mandam, mas depois desce as escadas furtivamente para deitar-se com o cachorro, dando e recebendo conforto.

Adam chora quando assiste a cena. Suas lágrimas duram um longo tempo. Mais tarde, conta a todos que fazia anos que ele não conseguia chorar.

Nos dias seguintes, no hospital, Adam começa a ter intimidades com várias pacientes femininas, as mais fragilizadas. Algumas pessoas da equipe ficam preocupadas com as mulheres e irritadas com Adam por colocar a estabilidade delas em risco. Judy pergunta-se se Adam está buscando modos de experimentar sua ternura, como fez com o cachorro. Apesar de não discutir seus pensamentos com Adam, ela sente que ele deve ter feito relacionamentos semelhantes quando ele diz, em uma explosão, que tem muito o que pensar.

Enquanto isso, algumas questões que emergiram da história de Adam tiveram alguns desmembramentos para outras pessoas do grupo. Uma das mulheres, que foi objeto de seu romantismo, diz em uma sessão do grupo que ela está começando a se dar conta de que deve ter o hábito de fazer o papel de vítima doente — uma criatura patética e necessitada como o cachorro de Adam. Ela não estava presente quando ele contou sua história, mas o aprendizado e o insight *que o relato simbolizou tornaram-se parte da história coletiva do grupo. Outro desmembramento foi a abertura da delicada questão do preconceito racial. Adam, que é branco, escolheu um paciente negro para ser seu amado cachorro e outro paciente branco para ser ele mesmo. Na encenação, o ator que faz o papel do narrador ficou embaraçado com a tarefa de expressar ternura, talvez pelo fato de o outro ser um ator negro. Mas a emoção de Adam enquanto assiste à cena dissipa sua inibição e ele consegue colocar muita convicção em sua atuação. O*

---

5. Judy Swallow, uma das fundadoras da companhia original e diretora da Community Playback Theatre.

grupo vê esses dois homens, um negro e outro branco, em um abraço de compaixão. Essa imagem transcende a história de Adam para se tornar um ponto de partida positivo e humano para a exploração de temas raciais, uma área potencialmente fértil que havia estado em suspenso na agenda não-falada do grupo por um bom tempo.

Até o momento são os psicodramistas que têm percebido com freqüência o potencial do *playback theatre* como uma ferramenta clínica. Ele é usado como aquecimento, encenando histórias no estilo *playback* com pacientes que não estão prontos para se lançar em um psicodrama completo. Algumas vezes, o *playback* pode ser utilizado em lugar do psicodrama; talvez com um protagonista que esteja bastante vulnerável para estar no centro de sua história, que possa ganhar muito mais pela distância proporcionada pela cadeira do narrador. Em consultório particular, clientes individuais, famílias ou casais têm podido ver suas vidas e interações de modos novos e criativos, que lhes proporcionam *insights* e mudanças. Em tratamentos de drogaditos, o *playback theatre* tem proporcionado um fórum que não julga nem ameaça, no qual os clientes encontram coragem para se olharem a si mesmos com honestidade.

Opções práticas

Existe uma variedade de formas em que o *playback* pode ser trazido para ambientes clínicos, dependendo das necessidades do cliente, da disponibilidade da equipe, dos recursos financeiros e de outros fatores. Eis algumas possibilidades:

O trabalho pode ser dirigido por um clínico que trabalhe sozinho ou pelo menos sem ter disponível uma equipe de *playback* treinada (embora participantes voluntários de um grupo possam proporcionar ajuda, bastante útil, mesmo sendo novatos em *playback*). Algumas vezes, como na história de Adam, os outros pacientes da terapia de grupo estão funcionando suficientemente bem a ponto de uns poderem ser atores nas histórias dos outros. Neste caso, os benefícios da cura estendem-se tanto aos atores quanto ao narrador. É extremamente terapêutico para um paciente dar-se conta de que pode ajudar, desempenhando um papel na história de alguém. De repente, ele tem o que dar, não sendo mais definido apenas por seus *déficits*. A criatividade que os pacientes psiquiátricos podem mobilizar quando interpretam uma história irá promover, também, seu próprio crescimento. E, como vimos, a história de uns envolve temas importantes dos outros ou do grupo como um todo.

As sessões de *playback* terapêutico podem acontecer quando uma companhia é contratada para fazer um evento único em algum lugar ou para uma série de espetáculos. Em um centro de tratamento para pacientes internados, que reabilita clérigos que praticam abusos sexuais ou são viciados em drogas, o plano de tratamento inclui espetáculos regulares da companhia local de *playback theatre*. Em apresentações como essas, a maior parte da atuação no palco é feita pelos membros da companhia, talvez com os pacientes ou clientes desempenhando papéis em algumas cenas.

Para oferecer o *playback* a clientes que não tenham condições de ser atores, você precisa montar um grupo interno, formado por funcionários permanentes da instituição ou da agência. O grupo que encenou a história de Cosmo é interno, participa de ensaios regulares no horário do almoço para aprender o *playback theater* e se apresenta para grupos de crianças uma vez por mês. Uma das vantagens de grupos como este é que eles estão familiarizados com a cultura, com os eventos da instituição e com as próprias crianças. Essa familiaridade enriquece bastante o trabalho. As crianças adoram ser convidadas tanto para participar das cenas quanto para narrar histórias, mas não estão prontas para atuar em *playback*, pelo menos no contexto de um espetáculo. Para que essas crianças conseguissem fazer o papel de outras, precisariam de mais estrutura e de supervisão do que aquela que um espetáculo permite.

Questões e adaptações

Para fazer *playback* com grupos de pacientes de saúde mental, torna-se especialmente importante tomar muito cuidado com o processo grupal e com a sociometria — a arte de estar atento ao equilíbrio de lealdades, identidades e preocupações, que fazem parte de qualquer grupo. O sucesso do *playback* depende da dinâmica do grupo: mesmo com pessoas feridas emocionalmente, é possível e necessário assegurar-se de que as histórias serão escolhidas, narradas e encenadas de modo a promover confiança e respeito.

A utilização do *playback* na clínica exigirá provavelmente algumas adaptações criativas na forma, de acordo tanto com as necessidades dos pacientes quanto da situação como um todo. Por exemplo, o ritmo pode ser mais lento, para que o diretor tenha certeza de que cada elemento da história se encaixa precisamente (embora não literalmente — o que é outra coisa) com a experiência subjetiva do narrador. Outra adaptação seria o diretor fazer algumas experiências com a localização física da cena, buscando encontrar uma distância da ação que permita o máximo envolvimento do narrador sem constrangê-lo. Como diretor, você pode pedir para o narrador entrar na cena, em momentos estratégicos, criando uma mistura de *playback* e de psicodrama. Você pode continuar com o mesmo narrador e fazer uma série de cenas, cada qual construída a partir da cena anterior.

Algumas formas de *playback* podem funcionar em situações específicas, enquanto que outras, não. O grupo que se apresenta para crianças com distúrbios emocionais descobriu que a técnica dos pares é muito abstrata para sua pronta compreensão; em vista disso, tendemos a não incluir essa técnica em nossos espetáculos. Outros podem perceber uma resposta especialmente positiva às esculturas fluidas e acabam utilizando-as tanto quanto ou até mais do que as cenas. O *playback* pode proporcionar um novo tipo de resolução de conflito, em que as pessoas do grupo envolvidas no embate narram suas respectivas histórias e depois assistem à história do outro. A atenção completa e isenta de julgamento que é dada a cada história, combinada com a justaposição seqüencial em vez de uma confrontação simultânea, parece criar um clima no qual os adversários podem "baixar a guarda" em suas posições, porque se sentem completamente ouvidos. O *playback* pode ser utilizado para resolver problemas, como o Teatro Fórum de Boal e outros modelos nos quais as pessoas da platéia são convidadas a sugerir saídas mais adequadas para a história do narrador.

A importância da articulação

A segurança e a eficácia do que possa acontecer em uma terapia de grupo com *playback* depende, em certo grau, do tipo de continuidade e vínculo que existe com a equipe clínica. Eles entendem e apóiam o que está acontecendo? Há possibilidade de outra equipe poder dar continuidade aos eventos de *playback*, se necessário? Parte do trabalho pode ser usada para ensinar *playback* ao resto da equipe, tanto os clínicos quanto os que cuidam diretamente das pessoas, criando oportunidades para que eles mesmos passem pela experiência.

Esta é uma situação em que o diretor precisa desempenhar também os papéis de organizador e diplomata. Embora seja difícil em algumas circunstâncias — tanto por falta de receptividade ou simplesmente por limitações de tempo —, é essencial criar um ambiente seguro e terapêutico, para que os pacientes revelem suas histórias. O que acontece em um grupo de *playback* ou em um espetáculo deve estar integrado com os outros aspectos do tratamento.

O terapeuta como artista

Em um hospital-dia, onde um terapeuta treinado em playback *dirige um grupo semanal para oito pacientes adultos, Janice está narrando uma história.*

"*Aconteceu quando vinha para cá esta manhã. Saí do ônibus e, exatamente na entrada do hospital, vi um passarinho que parecia não poder voar.*" *Dan, o diretor, interrompeu-a gentilmente.*

"*Janice, quem você vai ser na história?*"

Ela olhou para os outros. "Sue."

"*E que palavra poderia descrever como você estava se sentindo?*"

Janice sorriu. Ela sabe que esta pergunta não é casual. "Bem! Eu estou bem."

Ele pede que ela escolha alguém para fazer o papel do pássaro. Ela escolhe Damon. "Desamparado" é a palavra que descreve o passarinho. Ela continua. "Em todo caso, fiquei parada ali e olhei para aquela pobre coisinha e me perguntei o que deveria fazer. Não gostaria de deixá-lo lá, apenas. Quer dizer, ele estava muito perto da estrada. Eu imaginei que ele pudesse pular na frente de um carro e ser esmagado. Aí, adeus passarinho." Ela agita os dedos e ri nervosamente.

"*Mas, se eu o pegasse, os outros pássaros iriam sentir o cheiro de minhas mãos nele e bicá-lo até a morte. Foi o que pensei. É isso.*"

"*O que aconteceu ao final, Janice?*"

"*Deixei-o lá e vim para cá.*"

A história é encenada. Quando termina, Dan diz para os atores ficarem na posição e mantém Janice na cadeira do narrador.
"Janice, veja você mesma na cena. Veja o passarinho. O que ele lhe lembra?"
Janice olha. "Hum!, acho que aquele pássaro é um pouco como eu."
Dan acena encorajadoramente. "Quem foi embora quando você era pequena e estava impotente e machucada, Janice?"
Ela hesita. "Minha mãe, suponho."
Com as perguntas de Dan, emerge uma nova história; mais do que isso, uma história antiga, da traição da mãe de Janice, quando ela era muito pequena. Essa história é também encenada. Janice está sensibilizada e algumas pessoas também. Segue-se uma longa discussão sobre velhas feridas, perigo, ajudar ou não ajudar, ser auxiliado ou ser abandonado.

Nesta vinheta, o diretor-terapeuta está utilizando a história como um modo de abordar a experiência traumática da infância de Janice. Esse uso psicodinâmico e analítico de uma história pessoal pode ser bastante efetivo. Como pudemos ver, um evento aqui-e-agora pode muito bem conter ecos de outras experiências talvez mais dolorosas da vida do narrador. O processo de *playback* pode ser usado para explicitar esses ecos, para trazer o inconsciente ao consciente, que Freud dizia ser o objetivo da psicoterapia.

Mas, por mais terapêutico que esse tipo de trabalho possa ser, o poder de cura do *playback* pode ficar prejudicado por essas adaptações. Alguma coisa se perde.

O significado de uma história pessoal é freqüentemente mantido numa sobreposição de camadas. Imagine um acorde musical que se espalha de um extremo ao outro do teclado. Você pode ouvir a nota mais grave ressonando quase abaixo do nível de audição. Se tirar todas as harmonias e dissonâncias que pairam acima dela, o tom fundamental exposto ficará enfraquecido. Como neste acorde musical, o significado de uma história de *playback* encontra-se em algum lugar no relacionamento dinâmico e ressonante entre todos os elementos e nos ecos que conectam as diferentes alusões.

Em nosso exemplo, Dan, o diretor, conduziu com firmeza a história de Janice na direção de um aspecto particular de seu significado. Ele estava trabalhando de acordo com o princípio psicodinâmico, pois considera que a experiência presente significativa sempre tem alguma relação com a infância precoce; em geral, com um trauma. Por mais verdadeiro que isso possa ser, parece-me que este aspecto do significado não deve ser isolado para o paciente aprender e crescer a partir dele. Na verdade, o maior poder e o maior efeito da história vão repousar provavelmente na multiplicidade de sentidos inter-relacionados. O jeito como Dan conduziu a história pode ter, na realidade, diminuído seu efeito curativo para Janice.

O que se perde nesse momento é a cura que pode ser trazida especificamente por meio da arte, que funciona por intermédio da alusão e da metáfora, com apelos à imaginação, à intuição e à criatividade, e com o reconhecimento da beleza. Se a história de Janice tivesse sido honrada completamente, como foi narrada, ela e as outras pessoas do grupo teriam sido deixadas com uma imagem ricamente sugestiva, cujos significados poderiam emergir de forma diferente para cada pessoa. Como diretor, Dan poderia ter incrementado o efeito terapêutico da história sem recorrer à interpretação. Por exemplo, encorajando o ator que fez o papel do narrador a desempenhá-lo com total expressividade; ou oferecendo a possibilidade de uma transformação. Talvez, depois de ver sua experiência retratada como havia acontecido, Janice pudesse ter uma inspiração e imaginar uma finalização que poderia ter sido curativa para ela e para o grupo, intricados e entrelaçados.

Uma razão pela qual Dan não se sentiu seguro para manter a história original deve ter sido a de não se sentir à vontade no domínio da arte e sua falta de familiaridade com o papel de artista. Este pode ser o maior desafio com o qual os clínicos têm de lidar quando introduzem o *playback* em seu trabalho — como trazer, em meio a tantas outras coisas, uma forma de arte ao mundo da prática clínica. Pessoas como Dan sentem-se mais confortáveis como clínicos do que como artistas, mesmo que tenham experimentado a enorme força curativa da criatividade, da arte e das histórias em *workshops* e sessões de treinamento. Elas podem perceber-se relutantes em acreditar no reino relativamente não-programado da arte, uma vez que trabalham com pacientes cujas necessidades e fragilidades conhecem muito bem.

O poder curativo da experiência estética não está ainda completamente explorado e compreendido. Como qualquer nova fronteira, pode provocar desconfiança ou, no mínimo, cautela. Mas isso pode mudar, na medida em que o mundo da psicologia se torne cada vez mais hospitaleiro em relação a abordagens que valorizem não apenas a experiência fenomenológica, mas a história como tal, o "real caminho para a epistemologia"[6].

Enquanto isso, existem outros que têm tido sucesso utilizando o processo artístico do *playback* completo em seu trabalho terapêutico. Eles descobriram que mesmo com um grupo de pacientes psiquiátricos, em uma sala esterilizada de hospital, sem outros atores de *playback* para ajudar, pode-se invocar a presença da arte. Você pode falar sobre a importância da estrutura do ritual, pode modificar o espaço com acessórios coloridos e com uma arrumação das cadeiras com jeito de teatro. Mais do que tudo, você pode dar ao seu artista interior a liberdade de ver e celebrar a poesia das histórias que são narradas e convidar os participantes a encontrarem sua própria arte quando tomam as histórias uns dos outros e as trazem para a vida. Você pode confiar na completitude da história para sustentar os vários níveis de significados e confiar que o narrador receberá a sabedoria e o *insight* do grupo, como manifestados na encenação, na exata medida em que ele está pronto para recebê-los.

Inter-relação entre cura e arte

Ironicamente, o crescimento e o sucesso do uso do *playback theatre* em terapia torna difícil explicar o que é o *playback*, uma vez que muitas pessoas podem agora encontrá-lo pela primeira vez em um contexto terapêutico. "Não, ele não é uma modalidade basicamente terapêutica, embora possa ser usado com essa finalidade; não, você não tem de ser um terapeuta para fazê-lo; sim, nós fazemos *playback* em teatros públicos, com pessoas comuns; sim, mesmo ali estamos preocupados em que seja, no sentido mais amplo, uma experiência curativa para todos, incluindo os atores."

Onde quer que aconteça o *playback theatre*, para qualquer clientela, ele sempre vai inter-relacionar elementos que, em nossa cultura, são normalmente separados, assim como muitas outras coisas o são.

---

6. Bradford Keeney. *Aesthetics of change*. Nova York, Guilford Press, 1983, p. 195.

Naturalmente, diferentes contextos podem determinar uma ênfase, seja no aspecto artístico seja no curativo, e alguns grupos ou praticantes individuais podem optar por uma ou outra especialização. Um grupo que se apresenta freqüentemente em teatros públicos pode prestar especial atenção aos padrões artísticos do espetáculo e da apresentação. Um terapeuta em um hospital utilizará um conhecimento terapêutico sofisticado que não será necessário com platéias comuns. Entretanto, apesar de a proporcionalidade desses elementos variar, ambos são essenciais ao *playback*. Arte e cura fazem parte irredutível desse trabalho.

9

ATUAÇÃO NA COMUNIDADE

Alguns momentos:

Estamos nos apresentando num teatro público em Nova York. Estamos tensos em relação à "teatralidade": é um ambiente mais formal do que aos que estamos acostumados. Há um palco, cortinas pretas e boa publicidade. Aqui as platéias tem o hábito de assistir a peças. O que farão com nosso teatro de improviso pessoal? Quando o espetáculo começa, fica claro que esta situação é bastante diferente de nossas apresentações públicas em casa. Os espectadores são nova-iorquinos, estranhos uns aos outros, e até mesmo ao conceito de comunidade. Percebemos sua atitude de "Mostre-me!" e nos perguntamos se podemos fazê-lo. Nos atemos a nosso formato e as histórias aparecem. Vagarosamente, estabelecemos algum vínculo com eles, assim como eles entre si. Mas saímos dali sentindo que não foi suficiente. Não fomos bem-sucedidos na tarefa de transformar aquele grupo sofisticado em uma "platéia de vizinhos", da qual depende o sucesso do playback.

Outra apresentação, na cidade de Nova York. Desta vez estamos em uma escola de segundo grau de um bairro pobre. Ficamos em silêncio assim que um guarda da segurança, armado, destranca as portas da frente para nós.
Somos informados de que um aluno foi baleado e morreu nesses mesmos degraus, no primeiro dia letivo do semestre. Existem aproximadamente trinta crianças esperando por nós na sala de aula, para a qual havíamos sido convidados. Todos eles são negros e nós somos brancos. Apenas a confiança e o respeito que eles têm pelo seu professor evitaram que fôssemos expulsos da porta, antes mesmo de começarmos. Uma vez que começamos, a vontade de serem ouvidos começa

a superar a desconfiança. Nós os convidamos a ajudarem na encenação das histórias. Há muito riso nervoso, mas eles participam. Suas histórias falam dos medos e dos perigos que os cercam: estas crianças vivem em uma zona de guerra e nem os professores, nem os pais e nem a lei podem proporcionar-lhes segurança. Quando terminamos, um menino permanece por ali enquanto arrumamos nossas coisas. Ele fala sobre suas próprias estratégias de sobrevivência. Ficamos comovidos com o seu bom humor filosófico; sabedoria, talvez.

Estamos em um congresso de terapeutas familiares que acontece em uma universidade, vazia em função das férias de verão. Nossa apresentação foi agendada para uma sala multifuncional do tamanho de um ginásio, um pouco fria em virtude do ar condicionado. As filas retas de cadeiras dobráveis parecem pequenas diante do teto alto e do imenso piso brilhante. Antes de começarmos, pedimos aos terapeutas que nos ajudassem a reorganizar as cadeiras, em curvas, de tal forma que eles pudessem se ver. Dentro do círculo criado pela platéia e pelo nosso próprio espaço cênico, fizemos o melhor que podíamos para promover o entrosamento e a afirmação que eles estavam buscando. Eles narram histórias sobre momentos misteriosos, frustrantes e triunfantes em suas sessões de terapia — e sobre suas vidas pessoais. Ao final da apresentação, a sala parece mais calorosa.

O assistente social da prisão local agenda uma apresentação. Em fila, passamos por alguns homens musculosos, que parecem maiores por causa de suas armas e de suas chaves. Minha bolsa de instrumentos musicais é revistada; cada tamborim e reco-reco é retirado para inspeção. Ele olha para os instrumentos e vê armas, não música. "Você não pode levar isto, nem isto, nem isto." Os prisioneiros estão reunidos em um refeitório sem janelas, que cheira a desinfetante. Eles parecem cordiais e satisfeitos em nos ver. Contam suas histórias a respeito de como chegaram àquela situação, como suas namoradas os abandonaram, como será quando forem libertados. Mais tarde, eles se agrupam ao nosso redor, ansiando por contato. Mais do que tudo, querem continuar narrando suas histórias. Alguns deles terão essa chance: um de nossos atores voltará para realizar uma série de workshops *com eles.*

Estamos em um estúdio de dança na cidade em que moramos. Há janelas arqueadas que dão para a rua, muito graciosas, e um piso de placas enormes e polidas. A sala está cheia de pais e crianças. Conhe-

cemos muitos deles e eles também nos conhecem. As histórias surgem umas após as outras. Uma mãe narra uma história de sua infância, que seus próprios filhos nunca haviam ouvido antes. Um garotinho escolhe seu pai para encenar sua história de um pesadelo. Existe um conjunto de histórias de ferimentos narradas por crianças cujas idades variam entre quatro e sete anos de idade, preocupadas com o controle de seu mundo físico. O diretor tenta redirecioná-las, apenas para variar. "Hoje temos alguns avós conosco. Quem gostaria de narrar uma história sobre um momento especial com sua avó ou seu avô?" Três mãos se levantam. "Sim, Jacob?" "Eu caí da escada e levei pontos."

Estas são algumas vinhetas de apresentações da companhia original. A maioria dos grupos de *playback* poderia relatar uma amostragem semelhante de experiências de apresentações. É nosso pão com manteiga — nem sempre nossa remuneração, mas nossa substância, nossa tarefa diária — levar nosso fórum de histórias a todos os cantos da comunidade, incluindo alguns onde normalmente não se vê teatro.

A criação de um espaço para o *playback*

Na maioria dos espetáculos mencionados acima, fizemos nosso trabalho em espaços normalmente utilizados para outros propósitos que não espetáculos. Em alguns casos, como na prisão, a sala era completamente inóspita para o que iríamos fazer. Dentre todos estes contextos, apenas o último, o daquele espetáculo para famílias, no estúdio de dança, foi totalmente receptivo ao *playback theatre*. O espaço era íntimo, estético, cheio de sinais de atividade criativa. A platéia já se sentia conectada entre si e com o *playback theatre*.

Quando os eventos de *playback* não são assim, e a maioria não é, nossa primeira tarefa é fazer o que for possível para transformar o espaço. Em parte, isto é só uma questão de logística: nós precisamos de uma parte da sala para nos movermos etc. Mas é mais do que isso: arrumar a sala é parte do ritual do espetáculo, como vimos no Capítulo 7.

Quanto menos hospitaleiro for o ambiente, mais você terá que prepará-lo; não apenas o espaço mas a platéia também — explicar, tranqüilizar, modelar o processo. E você precisará ter paciência. As pessoas para as quais a idéia de se expor publicamente é nova e alarmante podem levar um espetáculo inteiro para chegar a um nível de abertura que outro grupo pode ter logo de saída. Isso é verdadeiro tanto para *workshops* quanto para espetáculos.

Uma das experiências de *playback* mais difíceis que já tivemos foi com um grupo de adolescentes em uma prisão de segurança máxima. Todos tinham sido condenados por crimes hediondos, incluindo assassinatos, estupros e assaltos a mão armada. Quatro pessoas de nossa companhia original trabalharam com eles durante uma série de dez sessões. Aproximadamente sete das dez sessões foram utilizadas até que os presos quisessem sentar-se em círculo. A cada semana existia um minúsculo movimento quanto à confiança. No começo, tentaram nos chocar e desagradar com histórias de violência e de sexo impessoal, tiradas mais de cenas de filmes do que de suas próprias vidas — não que faltassem tais experiências em suas vidas, mas eles não estavam prontos para se expor, narrando suas verdades. Ao final, eles nos deram alguns sinais inesperados de vulnerabilidade e até de ternura. Uma das histórias finais foi sobre a criação de pombos no telhado de um prédio de Nova York, vendo-os orgulhosamente voar, esperando ansiosamente pelo seu retorno, imaginando como eles estariam agora.

O *playback theatre* e o idealismo

Por que fazemos *playback* em ambientes tão difíceis, tanto em termos de espaço físico quanto da atitude do grupo, ou de ambos?

Desde o início, este teatro foi concebido como um teatro doador. Era para ser oferecido ao mundo como um recurso de interação curativa, como discuti no capítulo anterior. Sabíamos que todos têm histórias e necessidade de narrá-las, por mais reservados que possam parecer. Nós nos dedicávamos a levar este fórum para os "sem histórias", da mesma forma como o fazíamos para aqueles que já conheciam a satisfação de compartilhar histórias. Ao tentarmos alcançar esse ideal, em nossos primeiros anos, os repetidos sucessos e recompensas (apesar de algumas vezes serem modestos) superaram as frustrações e os obstáculos. No geral, foi maravilhoso fazer teatro para pessoas que nunca tinham visto uma peça, que pensavam que essas experiências culturais eram feitas para outras pessoas. A sala feia e barulhenta, assim como os 45 minutos de difícil aproximação para uma linguagem comum, eram compensados pela mera contemplação do olhar estampado no rosto de uma mãe adolescente, enquanto ela percebia que aqueles adultos realmente queriam ouvir e homenagear sua história.

Começamos em meados dos anos 70, uma época em que a mudança mundial dos anos 60 ainda influenciava a consciência contemporânea. Nosso desejo de ser uma força para a cura e para mudanças sociais não era inconsistente com o espírito do momento. Com o advento dos anos Reagan e o egoísmo que caracterizou a década de 80, ficamos fora de ritmo. Foi um desafio para a auto-estima de nosso grupo continuar a se sentir seguro quanto ao papel social do *playback*. Quando expliquei a um jovem que o *playback* era uma corporação sem fins lucrativos, ele disse: "Para ser em breve uma corporação com fins lucrativos, certo?". Ele não entendia o significado de trabalhar por ideais em vez de por lucro.

Não é que também não tenhamos trabalhado duro na tentativa de ganhar dinheiro. Pleiteamos subvenções e algumas vezes as conseguimos — quase sempre para trabalhos na área de serviço social. Nossas explorações artísticas continuaram com grande energia e muitas vezes com sucesso estético, mas com pouco reconhecimento por parte dos conselhos de arte.

Tivemos que manter nossa companhia com subvenções, como a que obtivemos utilizando o *playback theatre* para ensinar pessoas com retardo mental a utilizar transportes públicos — um trabalho que, com certeza, foi um teste para nossa humildade. Mas até isso nos deu prazer algumas vezes. Nunca vou me esquecer do casalzinho de meia-idade, inocente como se tivesse apenas nove anos de idade, sentado de mãos dadas, em seu alojamento coletivo, contando sorridente sua primeira viagem num ônibus rural sem acompanhante.

A prática de oferecer o *playback* a desprivilegiados acabou por constituir-se numa característica importante de muitas companhias (talvez a maioria) de *playback theatre*. Essa é uma característica que distingue o *playback theatre* de outras redescobertas recentes da importância da história pessoal. Estou pensando particularmente no campo pouco definido da mitologia contemporânea ou pessoal, em que figuram pessoas como Joseph Campbell e Robert Bly. Por mais significativo e influente que o trabalho deles possa ser, é útil principalmente para aqueles que lêem livros sobre mitologia, que consultam terapeutas junguianos, que participam de *workshops* em espaços de crescimento, que viajam para congressos em grandes hotéis. Em contraste, a simplicidade e o caráter direto do *playback* fazem com que ele seja imediatamente acessível, praticamente para qualquer pessoa. O trabalho pode ter uma relevância imediata para pessoas de todos os níveis de educação, sofisticação e recursos. Uma sem-teto em Washington pode nunca vir a fazer parte de uma companhia local de *playback*, mas a trupe poderá apresentar-se em seu acampamento, e ela poderá contar sua história.

O *playback* no setor privado

Nem todos os grupos de *playback* mantiveram essa tradição de enfatizar o trabalho na área social. No outro pólo, com seu idealismo próprio, está o trabalho que vem sendo feito no desenvolvimento organizacional em empresas privadas. Desde 1989, aproximadamente numerosos grupos de *playback* e praticantes individuais têm encontrado meios de levar seu trabalho para essa arena. Nela o *playback theatre* pode ser um fórum no qual se diz a verdade, as experiências são validadas, desafiando e revisando antigas práticas de administração, tudo de um modo construtivo e criativo.

Em um ambiente de trabalho que é rigidamente hierárquico, como muitos, aqueles cuja tarefa é executar decisões de terceiros podem sentir muita falta de realização, de satisfação ou de vinculação com o seu trabalho — uma perda considerável, quando se leva em conta a quantidade de tempo que a maioria das pessoas gasta em seu trabalho. Em algumas empresas, os administradores parecem estar percebendo, finalmente, que suas próprias metas de maior produtividade se tornam mais viáveis se os trabalhadores de linha perceberem que a empresa está investindo neles e que serão recompensados por seu trabalho. Esses dirigentes estão dispostos a experimentar novas idéias, como o *playback*, que pode gerar alternativas para antigas estruturas e comunicações estagnadas.

O que realmente acontece quando os funcionários são convidados a narrar suas histórias pode ser mais do que os executivos poderiam imaginar. As emoções podem ser estimuladas, compartilhadas e ouvidas; orgulho e verdade podem ser mostrados em lugares onde nunca haviam sido antes. Um homem chora publicamente pela primeira vez em sua vida e diz: "Eu nunca acreditei que as emoções valessem tanto". Outra pessoa diz: "Isto restaura minha esperança".

Para o grupo de *playback*, que faz esse trabalho, há ganhos e perigos. Existe a satisfação de perceber que o trabalho de alguém pode atingir e ajudar até mesmo um outro segmento da população; a revelação, para alguns, de que pessoas que usam gravatas ou ombreiras como símbolo de sucesso são apenas pessoas que têm histórias para contar, não menos fascinantes do que as histórias de criminosos, professores ou artistas. Existe ainda o fato de que, até agora, esta é a única área na qual os *playbackers* têm a chance de ganhar dinheiro. Uma vez que o trabalho em outras áreas — tanto espetáculos artísticos quanto serviços sociais — raramente permite ganhar o suficiente para se viver, pode ser extremamente gratificante — até inebriante — ter a chance de ser bem remunerado pelo exercício de sua arte.

Mas existem custos também. A perspectiva de boas somas em dinheiro pode levar a pressões extremas, especialmente se o movimento nesta direção for abrupto. Vários grupos especializados em trabalhar no setor privado se dividiram, por causa de questões de competitividade e de padrões de apresentação. Alguns membros falam de uma dor profunda e não resolvida por causa de seus conflitos. Outra perda, também, é a energia e o tempo para continuar se apresentando para as platéias tradicionais do *playback*.

Ao ouvir a respeito disso, eu me pergunto se não estaria existindo um processo de mão dupla. Até que ponto, à medida que modelam e ensinam os valores humanos do *playback theatre*, esses grupos não estariam também absorvendo alguns dos valores não tão generosos do mercado capitalista e não acabariam sendo afetados por eles?

Profissionalismo, ambição e amor

Quer se envolva com trabalho no setor privado ou não, um grupo de *playback* mais cedo ou mais tarde vai enfrentar certas questões mundanas e suas implicações.

No entusiasmo descomplicado de começar uma companhia, pode-se oferecer graciosamente a alguém a oportunidade de fazer parte do grupo, sem se preocupar muito com suas habilidades ou com sua experiência. Depois, na medida em que o trabalho se desenvolve, também amplia-se o desejo de alcançar o potencial artístico do *playback*. Há o entusiasmo, o orgulho e a urgência de compartilhar: "Vamos levar isto mundo afora!". A questão dos padrões de avaliação pode começar a aparecer: somos suficientemente bons para nos apresentarmos? Para cobrar ingresso? Para nos oferecermos como profissionais? A auto-avaliação em termos de padrões artísticos pode tensionar o grupo se todos não compartilharem do mesmo nível de habilidade ou de compromisso para o seu desenvolvimento. Quando chega a hora de convidar novas pessoas para se unirem à companhia, provavelmente existirá um processo seletivo: os atores procurados são aqueles que têm os tipos de talento e as capacidades que os outros elementos do grupo adquiriram até o momento. Mas alguns dos membros originais podem se perguntar intimamente se seriam aceitos se eles estivessem participando dos testes de seleção.

A companhia continua a ensaiar, a se apresentar e a se desenvolver. Alguns gostam tanto, que desejariam fazer do *playback* uma forma de se sustentarem. Pensam que poderia ser uma carreira profissional e não apenas uma vocação. Baseiam-se no que ouvem do trabalho que outros grupos de *playback* estão fazendo. Vislumbram como o *playback* poderia ser usado nas instituições locais e nos eventos comunitários. Alguns membros do grupo começam a trabalhar em instituições, escolas, empresas — e são pagos por isto. Outros arranjam empregos de tempo integral que não lhes permitem mais fazer parte do grupo. Para algumas companhias, essa divisão torna-se um problema. Os integrantes mais ambiciosos sentem-se restringidos pelos outros. Alguns percebem que suas habilidades cresceram, enquanto outros movem-se mais lentamente. A companhia tem que manejar uma situação muito delicada entre questões profissionais, de dinheiro, de inclusão *versus* excelência artística. Alguns grupos desmoronam. Outros conseguem chegar a um consenso decidindo que toda a companhia vai se tornar profissional, ou então simplesmente aceitando a variedade de habilidades e ambição, encontrando meios de acomodá-los.

As companhias mais estáveis parecem encontrar um equilíbrio entre as demandas e as atrações da realização artística e profissional, de um lado, e o fato de poder se movimentar em um ritmo que leva em conta a participação de todos, de outro. Isto significa desprender-se das mais vertiginosas alturas da ambição. Você nunca será o convidado de um programa de entrevistas, nem será levado muito a sério pelo mundo do teatro, ou nunca ganhará muito dinheiro se insistir em ser completamente fiel aos valores da comunidade — ao "levar uns aos outros para a frente", na definição de Jean Vanier. Pelo contrário, você estará optando pelo caminho do ator cidadão, aquele que trabalha acima de tudo por amor.

O *playback* na educação

No mundo todo, muitos grupos e praticantes individuais têm explorado as possibilidades do *playback theatre* na educação[1]. Eles têm experimentado trabalhar em escolas de todos os níveis e, apesar de alguns terem sido desencorajados pela cultura e pelas condições das escolas, outros, com diplomacia e persistência, têm tido sucesso na construção de um ambiente favorável para o *playback*. Os projetos variam, desde um espetáculo isolado até programações que podem estender-se por dias ou semanas, proporcionando espaço para o debate de uma questão com a qual a comunidade escolar esteja lidando, ou então oferecendo um novo modo de explorar o material curricular. O *playback* pode até se tornar uma atividade permanente — conheço duas companhias que conseguiram trabalhar regularmente em escolas secundárias, uma no Alasca e outra em New Hampshire. Uma é composta de alunos de segundo grau, identificados como "de risco" — de suicídio, de alcoolismo, e de outras ameaças no campo minado da adolescência. A outra escola compõe-se de alunos com 11 e 12 anos de idade, que fazem apresentações, na comunidade, em casas de repouso e escolas primárias.

---

1. Veja J. Fox. "Trends in PT for education", *Interplay*, 3, 3 (1993). (N. T.: *Interplay* é o jornal periódico editado pela IPTN — International Playback Theatre Network).

Todos os benefícios de experienciar o *playback theatre* mencionados até o momento são relevantes e alcançáveis pelas crianças: a afirmação, o senso de compreensão e domínio, a descoberta de que os outros compartilham de sua experiência, a delicada construção da identidade. E há outros ganhos para crianças que se tornaram elas mesmas atores de *playback*. Para pessoas jovens, que podem ter necessidades especiais de apoio emocional e social, como os adolescentes do Alasca, a chance de pertencer a um grupo como esse pode representar, literalmente, um salva-vidas. Esses jovens têm a satisfação de compartilhar suas próprias histórias em um ambiente consistente, com segurança e intimidade, assim como sentem orgulho por levarem suas habilidades a platéias públicas.

O processo do *playback* pode ter um papel a desempenhar em aspectos fundamentais da tarefa da aprendizagem em si, especialmente no contexto de algumas das tendências mais recentes em educação. De acordo com a teoria das inteligências múltiplas, de Gardner, existem vários tipos de inteligência identificáveis além das duas que normalmente são enfatizadas na educação: a lingüística e a lógico-matemática[2]. As crianças cujos principais modos de aprendizagem são cinestésicos, espaciais ou interpessoais, podem conseguir apreender melhor novos conceitos quando estes são explorados com a encenação de histórias. O aprendizado cooperativo, outra corrente educacional contemporânea, focaliza as vantagens de se complementar habilidades em lugar de competir. O *playback* cria uma experiência de trabalho em equipe de recompensa imediata, na qual o sucesso depende de reunir as forças de cada um. (O potencial de facilitação do aprendizado do *playback* também pode ser útil na educação de adultos — por exemplo, o *playback theatre* tem sido usado para ensinar idiomas para adultos na Austrália, na Alemanha, na Inglaterra e na República Tcheca.)

Apesar da atração óbvia do *playback theatre* para crianças e sua indiscutível relevância para o aprendizado, às vezes ele não é facilmente recebido em escolas. O *playback* promete valorizar não o *status quo* e a versão oficial da realidade, mas a experiência pessoal. E as escolas, como a maioria das instituições, não são em geral lugares que validam a verdade subjetiva, tanto do indivíduo quanto

---

2. Howard Gardner. *Frames of mind*. Nova York, Basic Books, 1983.

do grupo. A logística também pode ser um desafio, pois costuma ser difícil conseguir um espaço adequado e simpático para uma sessão de *playback* numa escola. As reuniões acontecem em grandes auditórios, com muitas crianças; as salas de aula são cheias de carteiras; as campainhas estridentes acabam truncando rudemente a última história.

O *playback* e a política

O compromisso do *playback theatre* com a verdade subjetiva pode ter repercussões políticas. A mensagem de que a sua história, a minha história, as nossas histórias, têm uma validade inquestionável tem um sentido radical de atribuição de poder. Em contextos políticos em que a história oficial não reconhece a história pessoal, a experiência subjetiva, isso é subversivo. A narração e a crença em histórias reais, murmuradas, relembradas, repetidas, podem conduzir a um grito pela mudança, até mesmo para uma revolução. E após a revolução, é ainda a narração de histórias que vai impedir que a verdade seja perdida, cooptada por forças maiores, se estas forem a nova face da opressão ou a face banal da mídia.

Em 1991, soubemos que um elenco de quatro pessoas da Televisão Central Soviética queria vir a New Paltz para filmar o *playback theatre* em seu local de origem. Eles já haviam feito um filme sobre a companhia Moscow Playback Theather. Queriam acrescentar um trecho com Jonathan no início do filme, e rodar um novo documentário sobre a companhia original. Uma semana antes de eles chegarem, um golpe de Estado em Moscou surpreendeu o mundo. Tínhamos certeza de que isso significava que a viagem seria cancelada e essa certeza aumentou quando, poucos dias depois, o golpe foi derrubado. Por que algum jornalista iria querer deixar Moscou no meio da história de toda uma vida? Mas eles vieram, exatamente como planejado.

Quaisquer que fossem as outras motivações que pudessem estar por trás da determinação de vir — e isso emergiu, pois alguns deles imaginavam que filmar o *playback theatre* poderia levá-los ao caminho do sucesso no mundo dos negócios privados —, o que os trouxe foi a necessidade premente de narrar suas histórias sobre os eventos das semanas anteriores. Eles haviam estado no meio daqueles eventos.

Montamos um espetáculo informal de *playback*. Por intermédio de uma intérprete, Svetlana, a roteirista, contou que havia visto uma velha senhora jogar-se em prantos contra um tanque que avançava lentamente em direção à multidão, na rua Gorky. "Matem-me! Matem-me!", gritava. "Não os matem, eles são jovens. Matem-me, eu já vivi minha vida!" O tanque parou e um jovem soldado saiu chorando. Igor, o diretor, tinha estado no parlamento russo quando Boris Yeltsin anunciou que os líderes do golpe estavam fugindo para o aeroporto. Percebendo que isso significava que o golpe estava terminado, Igor correu para contar isso para a multidão. De início, não acreditaram nele. Depois, houve grande rumor, cantos e animação. Ele também contou sobre o funeral, na Praça Vermelha, dos três jovens que foram mortos quando protestavam contra o golpe. A enorme praça estava lotada, disse, com tanta gente que você nem sequer conseguia se mexer. Mas eles estavam quietos, respeitosos, até mesmo gentis. Quando uma pessoa da multidão desmaiou, os que estavam por perto se afastaram como numa mágica, para permitir que uma ambulância chegasse.

Admirados de ver este momento decisivo da história bem diante de nossos olhos, perguntamos a Svetlana por que eles teriam vindo naquele momento específico. "Porque o que vocês fazem tem a ver com histórias", disse ela, "e quando é que nós precisamos mais de nossas histórias do que agora?"

10

O CRESCIMENTO NO MUNDO

Outro dia, recebemos uma carta de um novo grupo de *playback* na Hungria. Era uma novidade para nós que existisse qualquer atividade de *playback* por lá. Não tínhamos trabalhado naquele país e ninguém da Hungria havia vindo para os nossos cursos aqui. Ficamos encantados, mas não totalmente surpresos. Atualmente, já estamos acostumados com a idéia de que o *playback theatre* tem vida própria e independente no mundo e tem seus próprios padrões de crescimento ativos e imprevisíveis.

Ficamos sabendo que as pessoas na Hungria haviam tomado conhecimento do *playback theatre* por intermédio de um videoteipe de um espetáculo, em Milão, dirigido por um professor sueco de *playback*, que havia feito cursos aqui muitos anos atrás. Há sempre um elo de ligação, basta procurar. O crescimento do *playback theatre* tem sido, desde o começo, de boca a boca, de grupo a grupo — um processo que tem significado um desenvolvimento lento, mas orgânico e sólido. Ao longo desses anos, a maioria das pessoas tem sido atraída para o *playback* após ver uma apresentação ou ouvir amigos falarem sobre ele. Atualmente, um número crescente de pessoas toma conhecimento do *playback theatre*, pela primeira vez, pelos jornais e revistas. Mas, se sentem motivação para dar continuidade a esse encontro inicial, descobrem-se em uma rede que se parece mais com uma tradição oral do que com qualquer outra coisa. Porque nosso trabalho é constituído de histórias e é por meio de nossas histórias que nos conhecemos uns aos outros.

Anos atrás, quando surgiu a possibilidade de outros fazerem *playback*, além de nosso grupo original, tivemos que pensar sobre as questões de controle, propriedade e regulamentos. Algumas pessoas nos aconselharam a registrar o nome e patentear o processo para que pudéssemos ter a certeza de que qualquer pessoa que praticasse o *playback theatre*, o fizesse de um modo consistente com as práticas e valores que havíamos estabelecido. Ao fazer isso, nós não apenas teríamos condições de monitorar o padrão do trabalho realizado sob o nome de *playback theatre*, mas também poderíamos obter um resultado financeiro advindo do sucesso de outros grupos. Este modelo era uma fórmula aceita tanto para os negócios quanto para agir em relação ao movimento humano potencial. Mas ele nunca pareceu correto para o *playback theatre*. Nós nos direcionamos para um modelo diferente, no qual a idéia é compartilhada por meio do contato pessoal, não vendável, e o controle de qualidade se constrói ao longo do próprio processo. Considerando que a eficácia do *playback* depende da qualidade intrínseca do trabalho, qualquer um que tentar praticá-lo sem a devida atenção, respeito, segurança e graça estética está fadado ao insucesso.

Passamos, então, a encorajar outras pessoas a adotar nossa forma de trabalho e a pesquisá-la, utilizá-la, brincar com ela, compartilhá-la. Colocamo-nos disponíveis para treinamento e apoio. Em 1990, transferimos nossa estrutura legal, inclusive nossa taxa de isenção de impostos, para a recém-organizada International Playback Theatre Network (Rede Internacional de Playback Theater), formada para proporcionar conexão e apoio aos praticantes de *playback* em todo o mundo. Também decidimos que havia chegado o momento de transformar o nome e o logo do *playback theatre* em uma marca registrada. Reconhecemos que seria prudente ter condições de impedir que o nome fosse mal utilizado, já que o *playback* caminhava para um nível de atividade que jamais havíamos previsto. Até o momento, não surgiu nenhuma necessidade desse tipo. A comunicação em rede e um *feedback* de apoio têm mantido o trabalho fiel aos seus propósitos e valores*.

Cooperação e competição

À medida que o *playback* vai se tornando cada vez mais difundido, alguns grupos vão descobrindo que não são os únicos na cidade.

---

* Veja no Apêndice informação sobre os aspectos legais do International Playback Theatre Network — IPTN e do *playback*. (N. R. T.)

Uma companhia que já está em atividade por seis anos pode ficar desconcertada ao ouvir que um novo grupo está se formando, recrutando seus membros em uma rede diferente de pessoas. Ou talvez esse novo grupo seja proveniente do antigo, iniciado por pessoas que já foram membros do primeiro e que podem ter ou não um bom relacionamento com o primeiro grupo.

Tais situações podem estar carregadas de interações dolorosas e de sentimentos negativos de todos os lados. A territorialidade faz aparecer sua face indesejável; surgem comentários sobre ingratidão, falta de classe e sobre qual grupo é o melhor. Mas essas transições oferecem também a oportunidade de colocar à prova a força do *playback*.

Nos últimos anos do grupo original, enfrentamos esse tipo de desafio quando um de nossos companheiros reuniu algumas pessoas para fazer "*playback* de sala de estar"* — encontrando-se separadamente, compartilhando histórias e aprendendo o modelo. Após um tempo, o prazer e a sensação de realização requerem, naturalmente, um fórum maior do que uma sala de estar e eles começam a se apresentar na comunidade — na nossa comunidade. Embora estivéssemos em declínio naquele momento, foi muito difícil para nós, de várias maneiras. Uma delas tinha a ver com orgulho. Nossa região conhecia o trabalho do grupo original de *playback*. Quando desconhecidos iam às apresentações da nova companhia, freqüentemente achavam que aquele era "o" *playback theatre* (mesmo que o novo grupo tivesse um nome diferente). Naquela altura, o novo grupo não tinha ainda desenvolvido habilidades que se aproximassem das nossas. Era doloroso pensar que as platéias pudessem acreditar que estivessem vendo nosso trabalho. De forma semelhante, era difícil para a nova companhia aceitar a discrepância em nossos respectivos níveis de experiência e de renome. Enquanto eles se esforçavam para atrair pessoas para suas apresentações, nós, sem nenhum esforço, tínhamos a casa cheia em nossos espetáculos bastante ocasionais.

Mas, durante todo o tempo, ambos os grupos se esforçaram no sentido de descobrir como coexistir harmoniosamente. Acima de

---

* No original, "living-room Playback". Este é o nome que a School of Playback Theatre dá a alguns grupos que se reúnem periodicamente para compartilhar suas histórias, sem o objetivo de fazer espetáculos públicos. (N. T.)

tudo, acreditávamos nos valores de inclusividade e vinculação, sobre o qual nosso próprio trabalho se baseia. Então, procuramos uma nova configuração que pudesse abranger os dois grupos.

Com o tempo, deu certo. O novo grupo cresceu em habilidade e se estabeleceu com segurança. Algumas vezes, uns assistem aos espetáculos dos outros e, ocasionalmente, compartilhamos o palco como atores convidados. Apesar de os dois grupos manterem suas respectivas identidades, sentimo-nos como parte de uma família ampliada de *playback theatre*, oferecendo apoio mútuo e compartilhando nossos recursos. Compartilhamos até equipamentos — as luzes e acessórios do grupo original, atualmente ampliados e reformados, são utilizados constantemente pelo outro grupo e nós os tomamos emprestado quando precisamos.

Há companhias, em vários lugares, que conseguiram um tipo de cooperação similar; e outras que se debatem com a distância e com a competitividade. Para os grupos que tentam arduamente se manter, fazendo *playback* mesmo que parcialmente, a questão do dinheiro pode adicionar fatores particularmente sensíveis. O ponto de vista econômico dominante diz: a) lá fora existe uma quantidade finita daquilo que queremos; e b) o único jeito de conseguir é sendo o competidor vitorioso. É preciso uma visão mais ampla para enxergar que não há limites para o que o *playback* tem a oferecer, a que públicos e em que contextos; como também não há limites para o que pode retornar como recompensa, tanto na forma de dinheiro como de outros ganhos.

O *playback* em diferentes culturas

Em que o *playback theatre* é diferente ou semelhante nas várias partes do mundo? Vamos observar três companhias, uma na Nova Zelândia, uma na França e outra na costa oeste dos Estados Unidos.

O Playback Théâtre France funciona em Le Havre, uma cidade portuária do Norte da França, com uma forte identidade com a classe trabalhadora. Como muitas cidades francesas, também tem uma comunidade de imigrantes considerável. A maioria vive no planalto acima da cidade. Um angeliano de segunda geração faz parte da companhia. Hoje ele está assessorando o diretor em um workshop *de* playback theatre. *Ele trouxe vários amigos de sua comunidade. São pessoas que criaram juntas o seu próprio teatro. Esta é a primeira vez que experienciam o* playback *e estão ansiosas. A maioria das pessoas no* workshop *é franco-européia e parece um grupo unido. Num aquecimento inicial, o líder convida a todos para que digam algo positivo sobre si mesmos. As pessoas do planalto não conseguem dizer nada. Uns ajudam os outros. "Ela é uma ótima cozinheira!" "Ele é uma pessoa muito gentil." Mas não há hesitações mais tarde, no momento de contar histórias. Aqui eles compartilham livremente, tanto como narradores quanto como atores. Os outros participantes ficam impressionados com a sua franqueza e atuação talentosa. Ao vê-los, ficam inspirados a ir um pouco além, a se arriscarem mais. Os imigrantes também surpreendem a todos com sua desinibição com a música. Não demonstram preocupação com a imagem nem protestam por não tocarem suficientemente bem. A música torna-se uma ponte. Um homem, que mais tarde se junta ao grupo de* playback, *emerge como líder por intermédio de sua música. Com seu violão e suas canções, ele aproxima a todos. Os preconceitos mútuos, que poderiam ter existido no começo, desaparecem e são substituídos por respeito e empatia*[*].

Essa companhia de *playback* começou no verão de 1988, logo depois de um *workshop* ministrado por Jonathan Fox. A fundadora e diretora artística é Heather Robb (Bruyère, na França), uma australiana que veio para a França há mais de vinte anos para estudar mímica, máscaras e *clowning* na École Jacques Lecoq. Ela acabou se tornando professora na Lecoq antes de se mudar para Le Havre, onde agora leciona na École de Théâtre mantida pelo município.

A companhia (com cerca de oito a dez pessoas) inclui, como em muitos outros grupos de *playback*, uma gama variada de profissionais, sendo que a maioria está envolvida com artes cênicas, ensino, serviços sociais e, em alguns casos, uma combinação deles. A faixa etária das pessoas varia, aproximadamente, entre 25 e cinqüenta anos. A força do grupo está em sua sensibilidade artística e em sua experiência — todos tiveram formação teatral na École de Théâtre. Eles se dedicam muito para conferir ao *playback* a forma estética.

---

[*] O termo original é *rapport*, que significa um contato mais do que empático, no sentido de descobrir o mundo interno da outra pessoa. Mantivemos a tradução "empatia", na falta de um termo correspondente mais adequado. (N. T.)

Durante o inverno, a Playback Théâtre France oferece espetáculos mensais em um centro de arte da comunidade, e também tem feito apresentações para crianças e para pessoas provenientes de camadas mais pobres da população, de outros centros comunitários. O grupo está começando a ser visto como um recurso pela indústria local, não na área de desenvolvimento organizacional, mas como um modo de enriquecer os eventos especiais para funcionários e suas famílias.

Até agora este é um grupo de "atores cidadãos", que se sustentam com seus empregos regulares e não ganham absolutamente nada por seus espetáculos de *playback*, apesar de sua seriedade e sofisticação artística. Eles estão em um ponto de desenvolvimento em que, pela primeira vez, a perspectiva de ganhos com o trabalho de *playback* mobiliza uma intensa discussão sobre a disponibilidade diária, o comprometimento e, no fim das contas, sobre sua identidade e seus objetivos como grupo. É um período de transição desafiador: há um interesse muito grande em se profissionalizarem, mas a maioria dos atores não tem autonomia, em seus empregos atuais, que lhes permita, de imediato, analisar essa possibilidade.

O Living Arts Theatre Lab (Laboratório de Teatro Artes Vivas), na área da baía de São Francisco (EUA), é outro grupo para o qual o *playback* tem pouco, senão nada a ver com o ganhar a vida. No entanto, este grupo atingiu uma posição mais confortável quanto a essa questão do que o grupo francês. Eles escolheram fazer o trabalho por sua satisfação intrínseca e não planejam expandir-se no sentido de encontrar trabalho rentável. Diferentemente do grupo Le Havre, vários membros do Living Arts são autônomos ou têm flexibilidade no emprego, de tal modo que a aceitação de uma proposta para trabalhar durante o dia não implica questões difíceis de resolver relacionadas com a carreira e com os compromissos profissionais.

Em outros aspectos, esses grupos têm características importantes em comum. O Living Arts Theatre Lab também está firmemente comprometido com o trabalho feito do ponto de vista artístico. Também está procurando atingir pessoas que normalmente não fazem parte das platéias de teatro. Assim como o grupo francês, e muitos outros grupos de *playback*, seus quinze membros vêm de áreas profissionais variadas. O mundo da terapia e das artes está bem representado. O diretor do grupo, Armand Volkas, é ator, diretor de teatro e dramaterapeuta. Vários outros também são terapeutas e utilizam as artes criativas; são pessoas cujas profissões se situam na confluência entre a cura e a arte.

O Living Arts oferece o tradicional espetáculo mensal público de *playback theatre*, que acontece no átrio de uma igreja. Eles também se apresentam para idosos e para grupos de recuperação ligados à igreja. Utilizam o *playback* em um projeto original que possibilita a judeus e alemães da geração pós-guerra lidarem com a herança do Holocausto. O Acts of Reconciliation (Atos de Reconciliação), como é chamado, foi concebido por Armand, filho de judeus europeus, que lutaram na resistência durante a Segunda Guerra Mundial até serem enviados para campos de concentração.

> *Em um espetáculo de encerramento de um processo que durou um mês, inter-relacionando teatro e terapia, Wolf conta uma história a respeito de sua juventude na Alemanha. Ele se lembra de uma cena na qual ainda era criança, talvez com cinco anos de idade, brincando com um grupo de garotos. Um deles ensina aos outros uma canção. Wolf se sente incomodado com as imagens e a rudez, embora só muitos anos depois tenha se dado conta de que se tratava de uma canção militar nazista. Aos cinco anos, é difícil não acompanhar o grupo. Deixando de lado seu desconforto, ele juntou-se a seus amigos, que marchavam e cantavam a plenos pulmões.*
>
> *Há uma segunda parte desta história. Wolf, agora com 17 anos, está em férias com sua namorada, no Sul da França. Eles passeiam em um cemitério. Wolf encontra-se na área de judeus. Ele pára em frente a uma lápide que diz: "Em memória aos judeus cujos corpos foram transformados em sabão". Olha, com espanto, enquanto ouve a canção.*

Independentemente de ser um espetáculo do Acts of Reconciliation ou um outro qualquer aberto para o público, o Living Arts encara o trabalho, acima de tudo, como sendo de natureza espiritual. Estão procurando contextos nos quais essa dimensão do *playback* possa ser melhor preenchida — talvez alguma igreja que queira ter uma companhia de *playback*, da mesma forma como as igrejas mantêm corais, diz Armand. Ele não diz isso muito a sério mas, por outro lado, também não está brincando.

> *Num auditório em declive, na capital da Nova Zelândia, o Wellington Playback Theatre está se apresentando para uma platéia de estudantes*

de enfermagem, rapazes e moças, no final de sua primeira semana de aulas. É uma sexta-feira, início de tarde: seis membros do grupo estão fazendo parte da apresentação, enquanto os outros estão trabalhando em seus respectivos empregos regulares. À noite, todos estarão juntos para um workshop *de treinamento.*

Os alunos são jovens e estão assoberbados nesta primeira semana. Eles nunca haviam visto playback *antes e, de início, estão pouco receptivos. Mas as questões habilidosas e pacientes da diretora e as respostas expressivas dos atores aumentam a confiança e o engajamento da platéia. Eles começam a revelar alguns de seus sentimentos a respeito das dificuldades e até mesmo sobre coisas que os deixaram indignados naquela semana. Todos tiveram que ser imunizados contra doenças contagiosas, diz um aluno, bravo por ter sido submetido à agulha. A escultura fluida que se segue reflete seus sentimentos feridos. Mas no meio dela, um dos atores diz, eufórico: "Um dia eu vou fazer isso com alguém". Os alunos reconhecem e riem.*

À medida que o espetáculo prossegue, o tema muda. Depois de os alunos terem tido oportunidade de reclamar, a diretora orienta suas questões para outro tema, convidando-os a se lembrarem do que os havia levado a entrar nesse programa. Uma instrutora conta sobre uma ocasião, quando, frustrada por não ter conseguido comunicar-se com uma paciente idosa, que sofria do mal de Alzheimer, ela começou a lhe massagear os pés. A paciente interrompeu sua divagação incompreensível, fitou-a direto nos olhos e disse: "Que delícia!". Um jovem lembra-se de como ficou sensibilizado em um orfanato em Manila. Havia uma criança, em particular, que era espirituosa apesar de ter seu corpo tristemente deformado. No final do espetáculo, os alunos sentiram novamente o altruísmo e a compaixão que os haviam levado à enfermagem.

O Wellington Playback Theatre está em atividade desde 1987. Alguns de seus membros faziam parte de um grupo anterior, fundado por Bev Hosking após ter participado de nosso primeiro *workshop* na Nova Zelândia, em 1980, antes de ir para Sydney estudar improvisação teatral. Para Bev, o aspecto comunitário do *playback* é o que mais a atrai — tanto a comunidade constituída pelo próprio grupo quanto o papel que o trabalho pode realizar na comunidade como um todo. A constituição do grupo e o escopo de seu trabalho refletem esse interesse. Os catorze membros, com idade que variam entre 25 e quarenta anos, são atores profissionais, artistas visuais, um advogado, um professor de arte e drama, um psiquiatra, consultores de treinamento, mães, conselheiros. Eles fazem apresentações em escolas, grupos de igrejas, pequenas cidades vizinhas, empresas e departamentos do governo e também para o público em geral, no salão de um clube de andarilhos, decorado com mapas topográficos e uma imensa foto do monte Ruapehu, um vulcão que nunca foi totalmente domado.

O Wellington Playback Theatre é estável, consistentemente ativo e bastante completo. O grupo se esforça para realizar o trabalho tão bem quanto puder e para oferecê-lo da forma mais ampla possível. Equilibram esses valores com a realidade de que seu sustento financeiro vem do outro trabalho de seus membros, limitando o tempo disponível para o *playback*. Como muitos outros grupos, eles só podem aceitar convites para fazer apresentações em horário comercial, se tiverem número suficiente de pessoas que trabalhem em meio período ou como autônomos, e que estejam disponíveis. Alguns de seus membros nunca estão livres para fazer espetáculos como aquele dos alunos de enfermagem. Mas até agora o grupo não se dividiu. Os espetáculos em horário comercial não são freqüentes nem suficientemente lucrativos para criar subgrupos de membros "profissionais" e "não-profissionais". Além disso, atingir a comunidade é um ideal comum, e o grupo todo sente-se feliz quando consegue esse objetivo, tendo tomado parte ou não de determinado espetáculo.

O *playback theatre* foi muito bem aceito na Nova Zelândia. Suas platéias altamente diversificadas parecem entender o propósito do *playback*. Os jovens enfermeiros, muitos deles com não mais do que 18 anos de idade, advindos de pequenas cidades rurais, conseguiram responder ao convite de narrar suas histórias, uma vez que perceberam o que lhes estava sendo solicitado. Como nos espetáculos, as histórias sempre vêm, mesmo que devagar, e não especialmente íntimas ou dramáticas. A privacidade é um valor cultural e os membros da platéia, com freqüência, precisam de muito encorajamento para chegar até a cadeira do narrador. Acima de tudo, o que mais ajuda é o exemplo dos próprios atores, pessoas comuns, que se postam ali, desejosas de tentar qualquer coisa, pois querem ser vistas. É uma forma de coragem e alguns membros da platéia são estimulados a descobri-la em si mesmos.

Conectando-se com a cultura circundante

Qualquer que seja o clima cultural, o *playback theatre* é uma forma inovadora que sintetiza elementos que a maioria das pessoas está habituada a experienciar isoladamente, quando está. Isso significa que cada grupo deve buscar o lugar em que seu trabalho possa se encaixar em sua comunidade e cultura. Se vocês estivessem formando um grupo de teatro, um grupo de terapia, ou um centro comunitário para jovens, vocês também teriam que realizar a difícil tarefa de se apresentar e ao projeto para o público que pretendem atingir. Vocês teriam que conquistar fama e reputação. Mas não teriam que começar por explicar o próprio conceito de sua atividade. Já existiria pelo menos algum grau de familiaridade com seu tipo de iniciativa.

Mas as pessoas do *playback* têm que ser pioneiras; e quanto mais distante for a cultura anfitriã em relação às práticas e valores do *playback*, mais íngreme será seu caminho. O *playback theatre* deve atrair, em parte, pelo menos: senso comunitário; tradição artística; aceitação do valor do crescimento pessoal e do expor-se em público; coletividade; respeito pelo trabalho artístico habilidoso que possa não ser materialmente ambicioso ou bem-sucedido. Um grupo novo de *playback* começa a firmar-se quando se alia com quaisquer desses elementos que estejam presentes na cultura circundante. Tal ligação, mesmo que pequena, servirá como ponto de referência até o trabalho começar a ser entendido em seus próprios termos. "Bem, nós somos um tipo de grupo de teatro, mas não representamos peças." "O *playback* é um meio de as pessoas poderem compartilhar umas com as outras em um ambiente seguro." "Qualquer um pode fazer isso — membros da platéia podem se levantar e ser atores." "É meio parecido com contar histórias em torno de uma fogueira." Nos lugares onde esses pontos de referência são vagos demais, pode ser muito difícil constituir uma trupe. No Japão, demorou bastante tempo para que as pessoas treinadas em *playback theatre* começassem a formar companhias. Elas têm preferido utilizá-lo em seus trabalhos individuais. Uma profissional que faz o treinamento de telefonistas e um contra-regra da Disneylândia de Tóquio consideram útil o trabalho com *playback*.

Na Nova Zelândia e na Austrália ainda existe um sentido de comunidade e de fraternidade, mesmo nas cidades. Quando os grupos de *playback* começaram a se formar nesses países, nos anos 80, tiveram maior aceitação do que aquela que tivemos inicialmente nos Estados Unidos. Por outro lado, o compartilhar das emoções do público enquadra-se mais em uma recepção social do que nos Estados Unidos e existe menos consenso sobre o valor do trabalho terapêutico. Na França, a exploração aberta dos dramas pessoais particulares tende a ser vista com suspeita ou extrema aversão. O grupo Le Havre tem tido que reassegurar, não apenas para as platéias mas também para eles mesmos, que as histórias não precisam ser "terapêuticas", que a catarse não é a meta. Eles têm procurado não enfatizar as qualidades curativas do *playback* e, acima de tudo, têm focalizado mais os aspectos teatrais do trabalho, pois podem encontrar um ponto de ligação com seu contexto cultural. Inicialmente, esse grupo se reuniu por intermédio da escola de teatro, uma característica bem estabelecida da vida cultural de Le Havre. Num sentido mais amplo, a própria existência da escola, financiada pelo governo municipal, reflete uma tendência na França que é a de apoiar e respeitar a arte e os artistas.

Ironicamente, o *playback* permanece uma forma redentora, quer você goste ou não, quer você abrace ou não a terapia. O grupo francês oferece um meio de expressão e de validação aos trabalhadores comuns de sua cidade. O *workshop* que vimos anteriormente levou a uma empatia entre as subculturas, freqüentemente divididas, de franceses europeus e não-europeus. Na intimidade de seus ensaios, mais histórias, cada vez mais profundas, mais carregadas de emoção, estão começando a surgir, e o grupo está buscando os meios para representá-las. Por fim, na medida em que a companhia encena as histórias da platéia com crescente profundidade e arte, as cenas tornam-se curativas para o narrador — e para toda a platéia — simplesmente por ser o sensível reconhecimento de uma verdade pessoal.

Outros fatores, não relacionados à cultura anfitriã, afetam o caráter de um grupo de *playback*. Bev Hosking e muitos dos líderes e membros de companhias na Austrália e na Nova Zelândia foram treinados no Drama Action Centre — DAC, em Sydney. O repertório de habilidades e tradições do DAC ficou misturado com o do *playback* (um processo de ida e volta, porque o *playback theater* agora faz parte do currículo do DAC). O trabalho desses grupos mostra a influência do DAC em sua forma teatral física e humorística, que ecoa da Commedia dell'arte. Essas qualidades também ligam o estilo dos australianos e neozelandeses com aquele do grupo Le Havre: como

Heather Robb, um dos fundadores do Drama Action Centre, que formou-se na escola Lecoq, em Paris.

Na verdade, as características que distinguem um grupo de *playback* de outro têm muito a ver tanto com a composição, as influências e circunstâncias do próprio grupo quanto com as diferenças culturais. Um grupo composto de psicodramistas, com idades entre quarenta e cinqüenta anos, tem estilo, ênfase e escopo de atividades diferentes dos de um grupo de alunos e artistas com menos de trinta anos, mesmo que ambos estivessem trabalhando no mesmo ambiente cultural. O *background* do diretor tem uma influência muito especial — seus interesses e sua energia vão colaborar muito na determinação de quem vai pertencer ao grupo e do tipo de trabalho que será escolhido como foco.

Os grupos que descrevi, e muitos outros de que posso me lembrar, são notavelmente semelhantes, apesar das diferenças ditadas pela cultura e por outros fatores. Todos são compostos de pessoas cujas idades e profissões variam bastante, incluem um número significativo de pessoas ligadas às artes cênicas e às profissões de ajuda. Cada grupo se apresenta mensalmente para o público — mais em espaços comunitários do que em verdadeiros teatros. Além disso, todos se apresentam para uma grande variedade de platéias, tendo um interesse especial em estar disponíveis para pessoas que, com freqüência, não têm acesso a um enriquecimento artístico. Nenhuma das companhias se sustenta por meio desse trabalho; entretanto, todas as três são altamente profissionais quanto a seu comprometimento e aos seus padrões de atuação.

Uma "Nações Unidas" que funciona

Essa combinação de similaridade e diferença fica bem clara quando os praticantes de *playback* de todo o mundo se reúnem. Em 1991, Jonathan e eu dirigimos um *workshop* de *playback*, com cerca de 27 participantes do Japão, de Belize, da Alemanha, da França, da Grã-Bretanha, da Austrália e da Nova Zelândia, além dos Estados Unidos. Havia, também, cinco membros da companhia de *playback theater* de Moscou, que vieram com enorme esforço, sem dinheiro e sem falar inglês. (Foi por intermédio do filme que fizeram desse grupo que a equipe de televisão soviética mencionada no último capítulo conheceu o *playback*.)

A tarefa de todos, ao nos lançarmos ao trabalho de *playback*, foi encontrar um local onde pudéssemos verdadeiramente estar juntos e aprender uns com os outros. Só o desafio da questão dos idiomas já era assustador. Os que falavam inglês tinham que se lembrar a toda hora de falar lentamente, para aqueles que estavam se esforçando para entender e prestar atenção a algumas palavras ditas em sotaques e dialetos não-familiares. Tínhamos que ser pacientes enquanto o intérprete traduzia para os russos. Um deles falava alemão, outro falava um pouco de francês: tivemos que planejar cuidadosamente as atividades em pequenos grupos para nos certificarmos de que Yuri, que sabia falar alemão, estivesse junto com Johan, da Alemanha, para que então pudessem entre eles traduzir para Valentina, e assim por diante. Foi bastante lento, mas funcionou e foi fascinante.

Logo estávamos atuando livremente nas histórias uns dos outros, utilizando mímica ou música em lugar da linguagem, ou fazendo cenas poliglotas, que funcionaram surpreendentemente bem. Aprendemos os sabores da vida e da cultura dos outros por meio das histórias que encenamos. As identidades nacionais permaneceram, mas o senso de barreira se desfez. Unindo a todos havia a própria história, aquela unidade básica e universal de significado.

Cada vez que nos sentávamos em um grande círculo, dando a cada pessoa a oportunidade de falar sobre suas experiências, eu ficava mobilizada pela combinação de nossa diversidade e pela profunda empatia um pelo outro. A variedade de vozes e sotaques, alguns lutando com o inglês, outros falando o sonoro russo, que até lá já havia se infiltrado em meus tímpanos, os rostos receptivos e cheios de humanidade, a prontidão para se ver nos outros — eu me dei conta que isso era como uma minúscula "Nações Unidas", com uma enorme diferença: esta funcionava. As pessoas aqui ouviam e aprendiam de verdade umas com as outras. Elas aprenderam, sem sombra de dúvida, a potência de sua criatividade compartilhada.

Mais uma história

> *Quando eu estava escrevendo este capítulo final, mais ou menos na metade, fui dirigir um* workshop *de* playback *de dois dias. A neve estava profunda no solo, mas havia uma suavidade primaveril no ar.*

A última história do final de semana é narrada por um visitante do Brasil; um psiquiatra cujo trabalho inclui a direção de um grupo de teatro composto de crianças de rua e pacientes psiquiátricos crônicos internados, de uma grande cidade. Ele é novato em playback, *mas já está ávido para levar essas idéias para seu trabalho teatral. Sua história diz respeito à recente amarga experiência de corrupção no Brasil, ao narcisismo e à cobiça nos mais altos níveis de poder, e a raiva e o desgosto que ele, como testemunha, sentiu*. Ele não está isento de narcisismo, assim como qualquer um de nós. Mas seu trabalho procura dar, não receber; fortalecer, não explorar; conexão, não isolamento.*

Na encenação, dois grupos de personagens estão em foco, alternadamente: de um lado, Paulo, com seu grupo teatral de esquecidos, descobrindo sua força no trabalho que fazem, e, de outro, o enormemente egoísta presidente e sua esposa, tão ambiciosa e estúpida quanto ele. Assim que os participantes do workshop *realizam a cena, seu sentido de história gera um inesperado desenvolvimento dramático. Na interpretação deles, as pessoas do grupo de Paulo são as mesmas que o presidente e sua esposa estão explorando para proveito próprio. Fortalecidos pelo trabalho conjunto, eles crescem e triunfam sobre as figuras da corrupção.*

É profundamente satisfatório assistir, não apenas como a realização de uma fantasia. Todos neste *workshop* estão envolvidos com algum tipo de trabalho humanitário; comprometidos, como Paulo, com aqueles que passam necessidades. Nosso trabalho profissional é abastecido por uma convicção, freqüentemente vaga, de que podemos ajudar; que ouvir e voltar-se para as pessoas com problemas é um modo, talvez o único, de curar um mundo problemático. Embora, na vida real, a queda do presidente do Brasil tenha sido ocasionada por eventos muito mais complexos do que uma rebelião de pessoas de rua e psicóticos, o que a cena do *playback* retratou é, num certo sentido, mais amplo: o triunfo da ligação humana e da criatividade.

E, então, existe a história da história — a história maior deste momento relacionada com a nossa presença, aqui, juntos nesta sala quieta na Nova York rural, ouvindo o inglês preciso e cuidadoso de Paulo, contando-nos um trecho de uma vida distante — da qual ele

---

* Esse trabalho aconteceu em 1993, mas referia-se ao período do governo Collor.

veio e logo retornará — diferente e parecida com a nossa própria. A história dele espelha o propósito pelo qual todos estamos aqui: o seu tema é o tema do próprio *playback theatre*.

A companhia original de Playback Theatre em 1979. Em sentido horário, a partir do canto superior esquerdo: Jonathan Fox, Vince Furfaro, Neil Weiss, Susan Denton, Michael Clemente, Carolyn Gagnon, Gloria Robbins, Danielle Gamache, Judy Swallow, Peter Christman com o cabide e Jo Salas sob a rede de pesca.

GLOSSÁRIO

(Termos alternativos entre parênteses)

Acessórios: pedaços de tecido e caixas de madeira ou plástico que podem ser usados como adereços impressionistas ou vestimentas. Ver páginas 75-76.

Ator do narrador: o ator escolhido para fazer o papel do narrador. Ver Capítulo 4.

Cena (história, *playback*): a encenação completa de uma história narrada por uma das pessoas da platéia. Ver descrição da seqüência nas páginas 45-49 e sessão de fotos.

Coro: os atores se reúnem e interpretam sons e movimentos em coro. Pode ser apenas um elemento de uma cena (também conhecido como escultura de humor) ou então um modo de contar toda a história. Ver página 51.

Correção: ato de refazer parte de uma cena, quando a reação do narrador mostra que a encenação perdeu de vista um aspecto vital de sua história. (Compare com "transformação".) Ver páginas 49-50.

Diretor (condutor): o mestre-de-cerimônias. Ver Capítulo 5.

Entrevista: a etapa inicial de uma encenação, quando o narrador conta a história, com a assistência do diretor. Ver Capítulos 3 e 5.

Escultura fluida (momento): uma reação curta de som e movimento para um comentário da platéia. Os atores constroem uma escultura viva, um de cada vez, adicionando seu som e movimento ao que já esteja ali. Ver páginas 43-44 e sessão de fotos.

Espetáculo: (apresentação) *playback* realizado com uma companhia de atores treinados e uma platéia definida. (Compare com *workshop*.)

História em quadros (estrutura congelada, história em escultura): história contada por meio de uma série de títulos, com os atores fazendo quadros rápidos, em reação a cada título. Ver descrição à página 52 e sessão de fotos.

Montagem: etapa da cena, logo após a entrevista, quando os atores, silenciosamente, preparam-se e ao palco para a encenação, enquanto o músico toca algo inspiracional. Ver páginas 46-47.

Oferta: a base técnica da improvisação. Para servir à história, um ator faz uma oferta fazendo ou dizendo algo que os outros atores respondem aceitando a premissa da ação do primeiro ator ou bloqueando-a (rejeitando).Ver Capítulo 4.

Pares (conflitos): em duplas, os atores expressam a experiência de uma pessoa da platéia que se sente impelida por dois sentimentos contraditórios. Ver páginas 50-51 e sessão de fotos.

Platéia em ação: ato de convidar membros da platéia para se tornarem atores em uma cena, por ocasião de um espetáculo. Ver páginas 53-54.

Presença: a qualidade dos atores no palco, como pessoas, com atenção e concentração — "quietude e simplicidade" (Keith Johnstone). Ver Capítulo 7.

Psicodrama: modalidade terapêutica também baseada na encenação espontânea de uma história pessoal. No psicodrama, o narrador é conhecido como protagonista, atua em sua própria dramatização, e é supervisionado durante a cena pelo terapeuta-diretor. Ver páginas 131-132.

Reconhecimento: o momento em que a ação está terminada e os atores viram-se em direção ao narrador. Ver página 48.

Transformação: uma cena que atende à visão do narrador, com um resultado diferente de sua história, após ter sido encenada da forma como teria realmente acontecido. (Compare com "correção".) Ver páginas 49-50, 94-95.

Workshop: *playback* em um ambiente de grupo, onde as histórias são encenadas mais pelos participantes do grupo do que por atores treinados. (Compare com "espetáculo".)

APÊNDICE

A *International Playback Theatre Network* (IPTN) está registrada no Estado de Nova York como uma empresa sem fins lucrativos, sob o nome Playback Theatre, Inc..

Membros individuais e grupais da IPTN são autorizados a utilizar o nome e o logo, se quiserem.

Existem, atualmente, membros da IPTN nos seguintes países: Austrália, Belize, Brasil, Canadá, Estados Unidos da América do Norte, Inglaterra, Finlândia, França, Alemanha, Hungria, Israel, Itália, Japão, Holanda, Nova Zelândia, Noruega, Rússia, Escócia, Suécia e Suíça.

Para informações sobre a Rede ou sobre oportunidades de treinamento em *playback theatre*, escreva para:

IPTN
PO Box 1173
New Paltz, NY 12561
Estados Unidos

REFERÊNCIAS E FONTES

Sobre playback theatre:

FOX, J. (1982). Playback theatre: the community sees itself. In: *Drama in therapy*, Vol. 2. Nova York, Courtney and Schattnner, Eds. especialistas em livros de drama.

_____(1991). Die inszenierte personliche Geschichte im Playback-Theatre, 31-44.

_____ (1992). Trends in PT for education. *Interplay*, 3, 3.

_____ (1992). Defining theatre for the nonscripted domain. *The arts in psychotherapy*, 19, pp. 201-7.

_____ (1994). *Acts of service: spontaneity, commitment, tradition in the nonscripted theatre*. New Paltz, NY, Tusitala.

GOOD, M. (1986). The playback conductor: or, how many arrows will I need. Manuscrito não publicado.

INTERPLAY. (1º número, 1990). Newsletter of the IPTN, publicação quadrimensal.

MEYER, I. (1991). Playbacktheater: Theater aus dem bauch. *Padextra*, pp. 11-13.

SALAS, J. (1983). Culture and community: playback theater. *The Drama Review*, 27, 2, pp. 15-25.

_____ (1992). Music in playback theatre. *The Arts in Psychotherapy*, 19, pp. 13-18.

_____ (1994). Playback theatre: children find their stories. In: *Handbook for treatment of attachment-trauma problems in children*. Beverly James, autor. Nova York, Lexington Books.

_____ (1995). The basics of playback theatre. *Storytelling Magazine*, janeiro, pp. 14-15.

THORAU, H. (1995). Play it again, Jonathan! In: *Die zeit* (Alemanha), dezembro 1.

(vídeo) BETT, R. e MCKENNA, T. *Playback theatre in action*. Perth, Austrália, Edith Cowan University.

Sobre teatro e jogos teatrais:

BOAL, A. (1979). *Theatre of the oppressed*. Nova York, Urizen.

_____ (1992). *Games for actors and non-actors*. Nova York, Routledge.

BROOK, P. (1968). *The empty space*. Nova York, Avon.

_____ (1979). Leaning on the moment. *Parabola*, 4, 2, pp. 46-59.

_____ (1986) Or so the story goes. *Parabola*, 11, p. 2.

COHEN-CRUZ, J., e SCHUTZMAN, M., eds. (1994). *Playing boal theatre, therapy, activism*. Nova York e Londres, Routledge.

JOHNSTONE, K. (1979). *Impro: Improvisation and the theatre*. Nova York, Theatre Arts Books.

_____ (1994). *Don't be prepared: theatresports^{TM} for teacher*. Vol. 1. Calgary, Alberta, Loose Moose Theatre Company.

PASOLLI, R. (1970). *A book on the open theater*. Nova York, Avon.

POLSKY, M. E. (1989). *Let's improvise: becoming creative, expressive and spontaneous through drama*. Lanham, MD, University Press of America, Inc.

SCHECHNER, R. (1985). *Between theater and anthropology*. Filadélfia, University of Pennsylvania Press.

SPOLIN, V. (1963). *Improvisation for the theater*. Evanston, IL, Northwestern University Press.

WAY, B. (1967). *Development through drama*. Londres, Longman's.

Sobre psicodrama e dramaterapia:

FOX, J. Ed. (1987). *The essential Moreno: writings on psychodrama, group method, and spontaneity*. Nova York, Springer.

KELLERMAN, P. F. (1992). *Focus on Psychodrama*. Londres, Jessica Kingsley. (No Brasil, traduzido sob o título: *O psicodrama em foco e seus aspectos terapêuticos*. São Paulo, Ágora, 1998.)

LANDY, R. (1986). *Drama therapy: concepts and practices*. Springfield, IL, Charles C. Thomas.

MORENO, J. L. (1977). (4ª ed.) *Psychodrama*, Vol. 1. Beacon, NY, Beacon House.

COURTNEY, R., e SCHATTNER, G., eds. (1981). *Drama in therapy*. Nova York, Drama Book Specialists.

WILLIAMS, A. (1989). *The passionate technique*. Londres e Nova York, Routledge. (No Brasil, traduzido sob o título: *Psicodrama estratégico: A técnica apaixonada*. São Paulo, Ágora, 1994.)

Outros tópicos:

GARDNER, H. (1983). *Frames of mind*. Nova York, Basic Books.

IMBER-BLACK, ROBERTS, e WHITING (1988). *Rituals in families and family therapy*. Nova York, Norton, 11.

KEENEY, B. P. (1983). *Aesthetics of change*. Nova York, Guilford Press.

SACKS, O. (1987). *The man who mistook his wife for a hat*. Nova York, Harper and Row.

SALAS, J. (1990). Aesthetic experience in music therapy. *Music Therapy*, 9, 1, pp. 1-15.

Jo Salas, MA, CMT, participou da criação e do desenvolvimento do *playback theatre*, fundado em 1975 por seu marido Jonathan Fox. Depois de muitos anos atuando com a companhia original, Jo agora dirige outro grupo* e dá aulas, intensivamente, de *playback theatre*. Ela também é musicoterapeuta, cantora e compositora.

Nascida na Nova Zelândia, Jo vive em Nova York, com Jonathan e suas duas filhas.

---

* Jo dirige a Hudson River Playback Theatre, que se apresenta regularmente na cidade de Poughkeepsie, NY. (N. T.)

Impresso em off set

Rua Clark, 136 – Moóca
03167-070 – São Paulo – SP
Fones: (0XX) 6692-7344
6692-2226 / 6692-8749

com filmes fornecidos pelo editor

―――――――― dobre aqui ――――――――

ISR 40-2146/83
UP AC CENTRAL
DR/São Paulo

CARTA RESPOSTA
NÃO É NECESSÁRIO SELAR

O selo será pago por

SUMMUS EDITORIAL

05999-999 São Paulo-SP

―――――――― dobre aqui ――――――――

PLAYBACK THEATRE

CADASTRO PARA MALA-DIRETA

Recorte ou reproduza esta ficha de cadastro, envie completamente preenchida por correio ou fax, e receba informações atualizadas sobre nossos livros.

Nome: _____ Empresa: _____
Endereço: ☐ Res. ☐ Coml. _____ Bairro: _____
CEP: _____ - _____ Cidade: _____ Estado: _____ Tel.: ( ) _____
Fax: ( ) _____ E-mail: _____ Data de nascimento: _____
Profissão: _____ Professor? ☐ Sim ☐ Não Disciplina: _____

1. Você compra livros:
☐ Livrarias ☐ Feiras
☐ Telefone ☐ Correios
☐ Internet ☐ Outros. Especificar: _____

2. Onde você comprou este livro? _____

3. Você busca informações para adquirir livros:
☐ Jornais ☐ Amigos
☐ Revistas ☐ Internet
☐ Professores ☐ Outros. Especificar: _____

4. Áreas de interesse:
☐ Psicologia ☐ Comportamento
☐ Crescimento Interior ☐ Saúde
☐ Astrologia ☐ Vivências, Depoimentos

5. Nestas áreas, alguma sugestão para novos títulos? _____

6. Gostaria de receber o catálogo da editora? ☐ Sim ☐ Não
7. Gostaria de receber o Ágora Notícias? ☐ Sim ☐ Não

Indique um amigo que gostaria de receber a nossa mala-direta

Nome: _____ Empresa: _____
Endereço: ☐ Res. ☐ Coml. _____ Bairro: _____
CEP: _____ - _____ Cidade: _____ Estado: _____ Tel.: ( ) _____
Fax: ( ) _____ E-mail: _____ Data de nascimento: _____
Profissão: _____ Professor? ☐ Sim ☐ Não Disciplina: _____

Editora Ágora
Rua Itapicuru, 613 Conj. 82 05006-000 São Paulo - SP Brasil Tel (011) 3871 4569 Fax (011) 3872 1691
Internet: http://www.editoraagora.com.br   e-mail: agora@editoraagora.com.br